Musik 4

Jo-Jo

Grundschule Bayern

Erarbeitet von

Eva Hampel, Amberg

Andrea Herzog, Neuendettelsau

Wolfgang Zeis, Bamberg

Roland Dauth, Bayreuth

in Zusammenarbeit mit der

Cornelsen Redaktion Grundschule

unter Beratung von

Claudia Decker, Rosenheim

Gottfried Furtner, Unterammergau

Karl Füssl, Markt Schwaben

Helmut Maschke, Augsburg

Wolfgang Schiersner, Krumbach

Rolf Steidel, Forchheim

Cornelsen

Inhaltsverzeichnis

Lieder zu allen Gelegenheiten 4–17

Durch das Jahr 18–27

Wie Musik aufgebaut ist 28–43

Werkstatt 44–57

Musik bei uns und woanders 58–71

Szenen spielen 72–85

Johann Sebastian Bach 86–92

Lieder zu allen Gelegenheiten

1/2

Montags-Boogie-Woogie

M und T: Wolfgang Hering

Kanon

du dub ... da dab ... di dib ... do dob ... de deb ...

Der Indianer-Weckruf

M: Rita Mölders • T: mündlich überliefert

Begleite so (Met.):

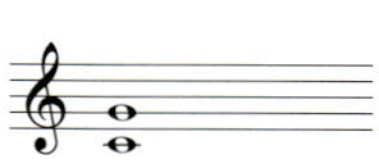

Weckt alle jungen, alten, lustigen, traurigen ... Indianer.

Bo tendere
Spiellied aus Ghana

Kanon

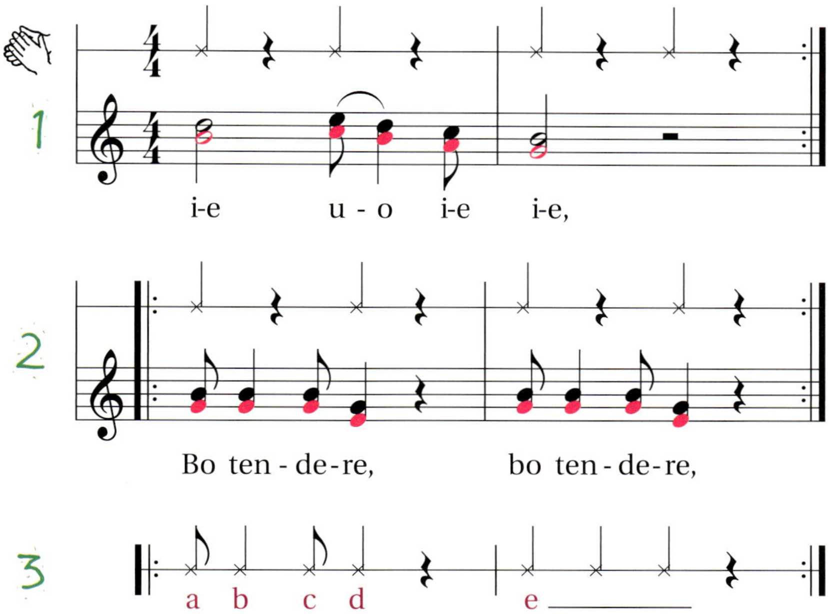

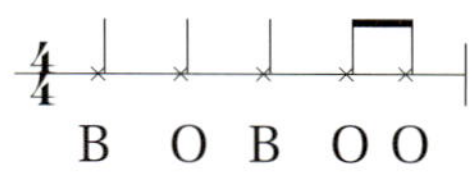

B = Bass-Schlag (Mitte der Trommel anschlagen)
O = open tone (am Rand der Trommel anschlagen)

„Bo tendere" bedeutet: Schau zu, was wir können!

Tanzanleitung für Teil 3:

a: linker Fuß vor
b: in die Knie gehen und unter dem linken Bein klatschen
c und d: wie a und b, aber rechts

e: 3 Schritte rückwärts gehen, dabei abwechselnd vor und hinter dem Körper klatschen (oder andere Bewegungen)

Aufstellungen für Vorführungen:

4

Herr, deine Liebe

M: Lars Åke Lundberg • T: aus dem schwedischen Original von Ernst Hansen

2. Wir wollen Freiheit, um uns selbst zu finden,
Freiheit, aus der man etwas machen kann.
Freiheit, die auch offen ist für Träume,
wo Baum und Blume Wurzeln schlagen kann. Herr, deine Liebe ...

3. Herr, du bist Richter! Du nur kannst befreien,
wenn du uns freisprichst, dann ist Freiheit da.
Freiheit, sie gilt für Menschen, Völker, Rassen,
so weit wie deine Liebe uns ergreift. Herr, deine Liebe ...

Abend will werden

M: Nikolai Rimski-Korsakow • deutsche Textfassung: Lieselotte Holzmeister

Kanon

Nikolai Rimski-Korsakow wurde 1844 in Russland geboren. Er lernte Klavier und Violoncello spielen. Bald wurde er ein bekannter Komponist, Dirigent von verschiedenen großen Chören und Orchestern und sogar Professor für Komposition am Petersburger Konservatorium. Hier war er der Lehrer vieler anderer berühmter Komponisten: Du kennst sicher „Peter und der Wolf" von S. Prokofjew und „Der Feuervogel" von J. Strawinsky (blättere einmal in diesem Buch!). Daneben komponierte er viele Opern zu russischen Märchen, Orchesterwerke sowie Klavierstücke und schrieb alte russische Volkslieder auf. **Eines davon ist das Lied „Abend will werden".**

5 Vielleicht kennt ihr auch dieses Stück von Rimski-Korsakow?

Abendstille überall

M: Otto Laub • T: Fritz Jöde

Kanon

Zum Geburtstag

M: Rainer Johann Gross • T: Wolfgang Hering

Eine Gruppe der Klasse kann das „Dibi dib ...“ als Ostinatobegleitung dazu singen.

Wir kommen all und gratulieren

M und T: Moritz Hauptmann

Begleitung:

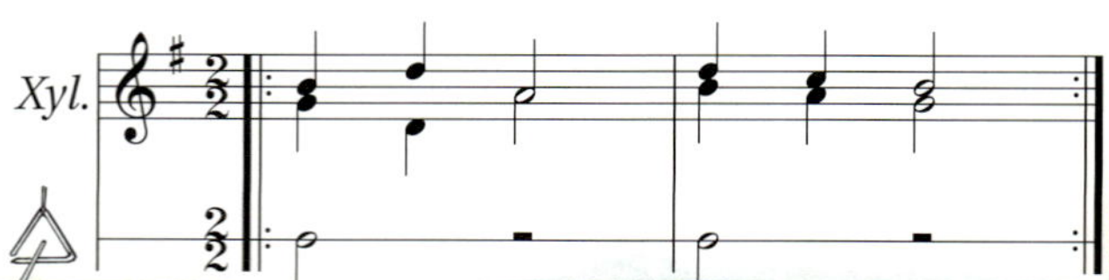

* Jubiläum, Namenstag ...

So groß wie ein Baum

M: Reinhard Horn • T: Reinhard Feuerstrater

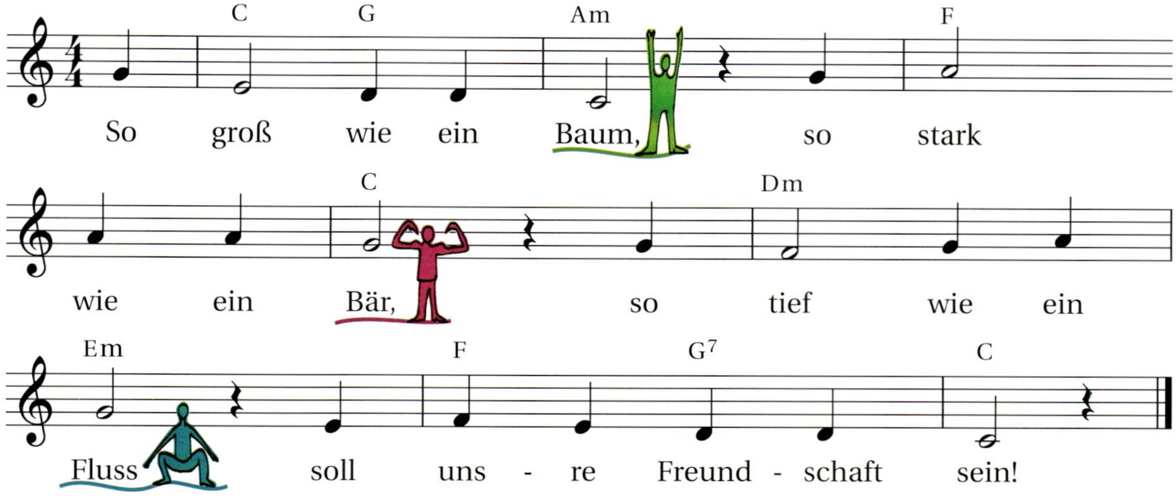

2. So weit wie das Meer,
so hoch wie ein Haus,
so hell wie ein Stern
soll unsre Freundschaft sein!

3. So bunt wie ein Bild,
so breit wie der See,
so schön wie der Wald
soll unsre Freundschaft sein!

4. So lang wie die Zeit,
so frei wie der Wind
so froh wie ein Lied
soll unsre Freundschaft sein!

Ein Ochse namens Otto

R und T: Martin Geck

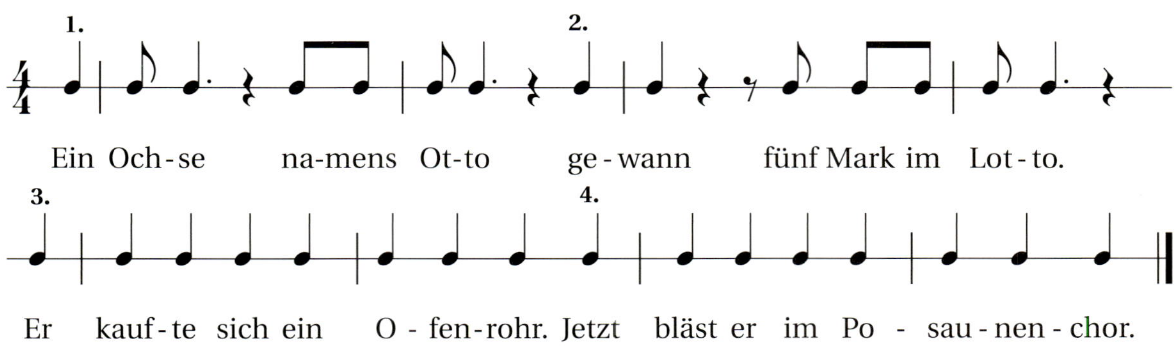

Ostinato:

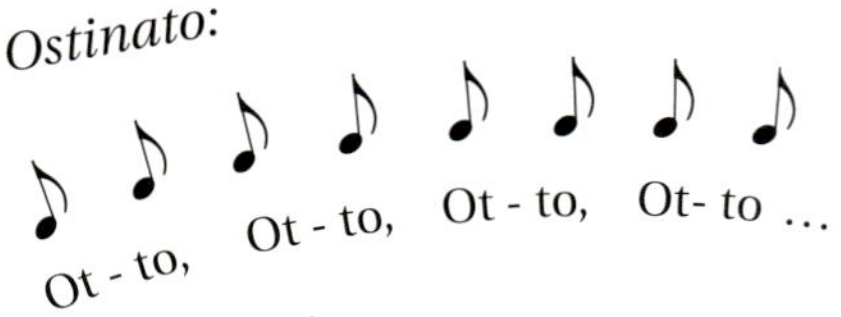

Springt da Hirsch übern Bach

M und T: aus Oberbayern

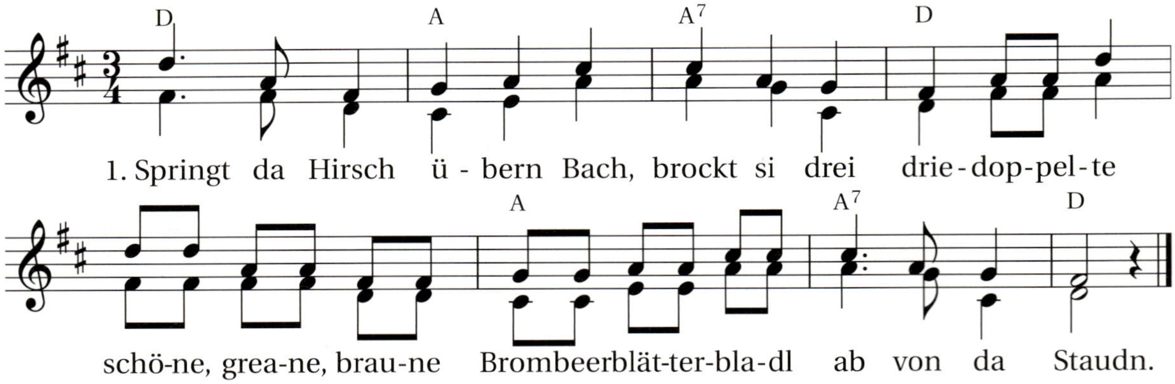

2. Sagt da Hirsch, des is a Mo,
der si drei driedoppelte,
schöne, greane, braune Brombeerblätterbladl
abbrocka ko!

3. Springt da Has übern Zaun,
brockt si zwee zwiezipfate,
schöne, greane, braune Dirndlbirlbladl
ab von da Staudn.

4. Ei, sagt da Has, des is a Mo,
der si zwee zwiezipfate,
schöne, greane, braune Dirndlbirlbladl
abbrocka ko!

5. Und a Floh und a Fliagn,
de san so schwar zum kriagn,
hätt da Floh d’Flügl von da Fliagn,
war a no schwara zum kriagn!

Ein Tag mit Loisl

Spielt euren Tagesablauf mit der Stimme nach.

Mein Dackel Waldemar

M und T: mündlich überliefert

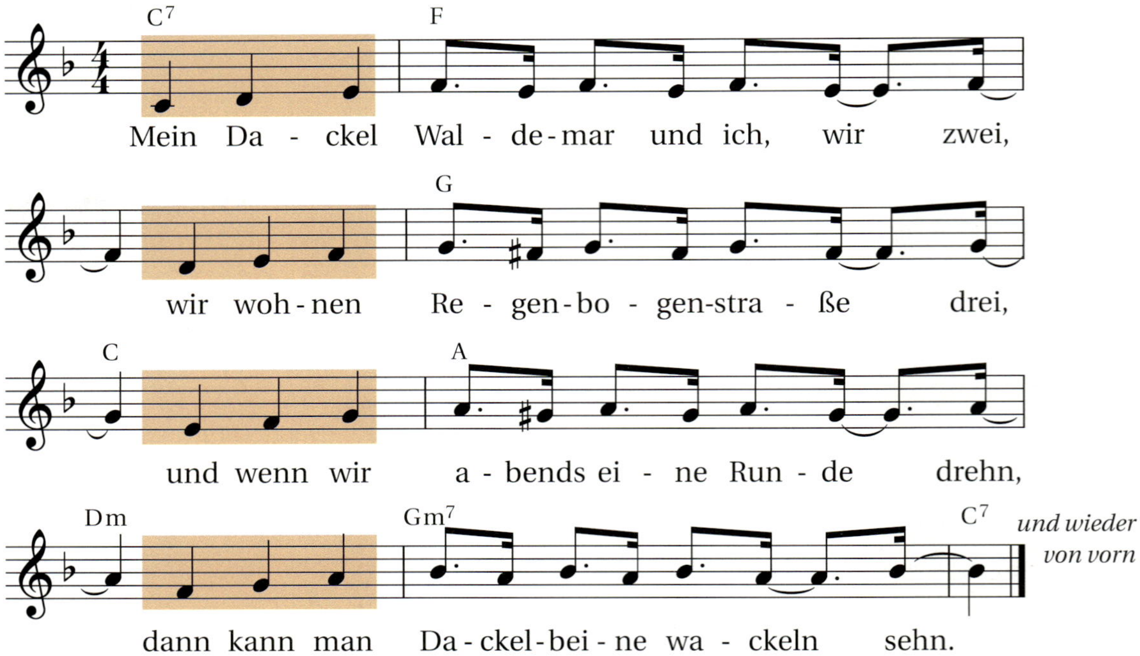

Lasst die Stimme beim Singen richtig federn und springen.

Silben-Kanon

M: Willi Gohl • T: mündlich überliefert

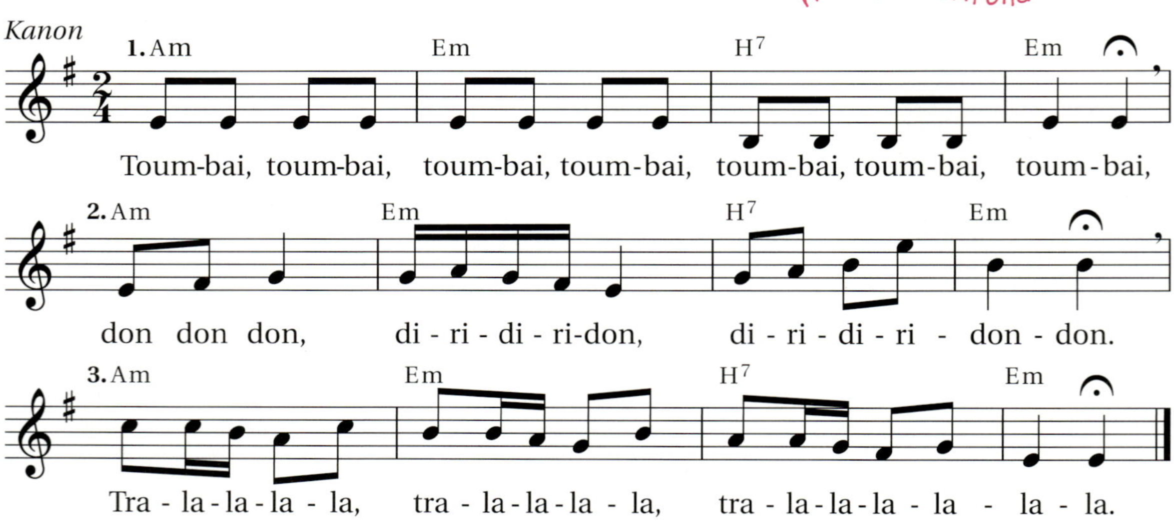

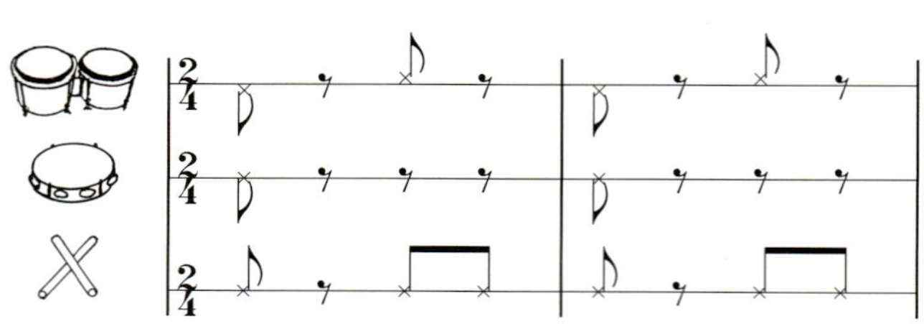

Ja, unser Bauer

M und T: aus der Oberpfalz

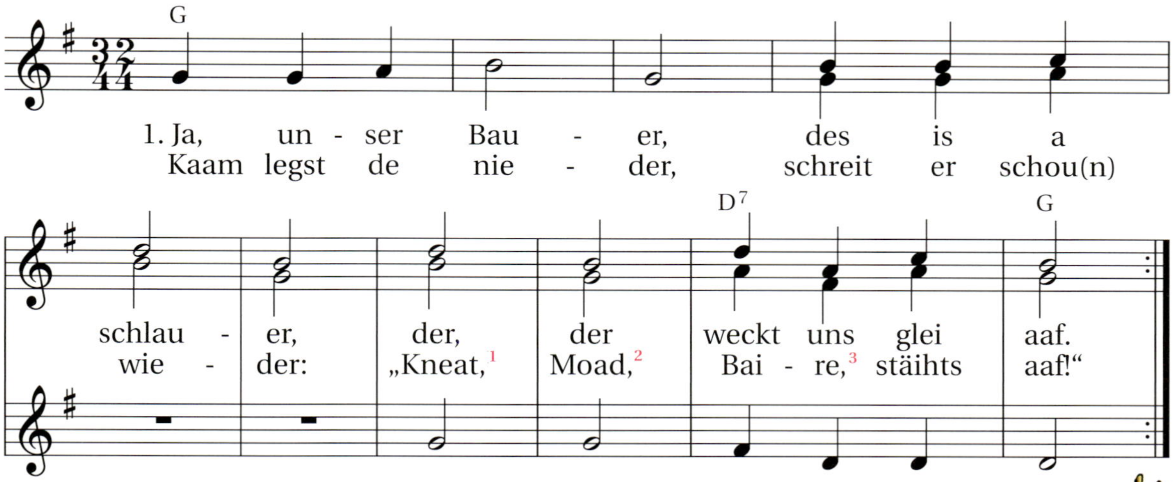

2. San ma in der Leitn, schreit er va(n) weitn. „Kneat, Moad, Baire, langts zamm.
Niat ummadruckn, reat[4] fleiße buckn nou, nou wer(d)n mas glei hom!“

3. Z'Mittooch beim Essn, kaam hous wos g'essn, dou, dou stäiht er schou(n) aaf.
„Legts d' Löffl nieder und oarbats wieder, sunst, sunst gäiht der Tooch draaf.“

4. Legst de noats[5] nieder, nou schreit er wieder: „Kneat, Moad, d' Noat is nu lang.
Wöi kinnts nea(r) schlouffn und d' Falkat[6] strouffn, wou ma Oarbat gnouch hom!“

[1] Knecht [2] Magd [3] Bäuerin [4] recht [5] nachts [6] Faulheit

Zwischenspiel für Flöten oder andere Melodieinstrumente

Seid ihr deutliche Schnellsprecher?

Bayrische Bierbrauerburschen brauen bayrisches Braunbier.

Thomas trank tausend Tropfen Tee, tausend Tropfen Tee trank Thomas.

Hans hört hinterm Holzhaufen hundert heisere Hasen husten.

Das rote Pferd (Milord)

M: Marguerite Monnot • Originaltext: Georges Moustaki

2. Da war sie wieder da und machte groß Trara,
obwohl sie doch nur eine kleine Fliege war.
Und sie sprach: „Bitte sehr, ich find das gar nicht fair,
wenn du nicht aufhörst, hol ich meine Freunde her."

... und jetzt beginnt das Ganze wieder von vorne,
sooft ihr wollt: Da hat das rote Pferd ...

Probiert zur 1. Strophe diese Bewegungen:

„Da hat das rote Pferd sich einfach umgekehrt" →	über Kreuz auf die Oberschenkel schlagen
„und hat mit seinem Schweif die Fliege abgewehrt." →	Unterarm hin und her bewegen, andere Hand stützt Ellenbogen
„Die Fliege war nicht dumm" →	Vogel zeigen
„sie machte summ, summ, summ" →	Fühler zeigen
„und flog mit viel Gebrumm ums rote Pferd herum." →	mit beiden Händen eine liegende Acht beschreiben

Erfindet selbst Bewegungen zur 2. Strophe.

Deutsch – eine Sprache? Viele Sprachen

Bayrisch
Schwäbisch
Hessisch
?...

Das Würmchen

M und T: Fredrik Vahle

2. Ein Schwabe saß auf seinem Po,
sang die Geschichte so:
Sitze e Würmle
auf em Türmle
mittem Schirmle
unterm Ärmle,
kommt e Stürmle,
schmeißt des Würmle
mittem Schirmle
unterm Ärmle
sssssssssst
vom Türmle.

3. Ein Hesse saß auf seinem Po,
sang die Geschichte so:
Sitze e Wärmsche
uffem Tärmsche
mittem Schärmsche
unnerm Ärmsche,
kommt e Schtärmsche,
saacht zum Wärmsche:
Ei, ich bloos dich gleich vom Tärmsche –
ssssssssst – vom Tärmsche!

4. Ein Bayer saß auf seinem Po,
sang die Geschichte so:
Hockt a Wurm
aaf 'm Turm
mit am Schirm
unta 'm Oam.
Kummt a Sturm,
schmeißt den Wurm
mit 'n Schirm
unta 'm Oam
ssssssssst – vom Turm.

5. Und das Würmchen
auf dem Türmchen
öffnete ganz schnell
sein Schirmchen
und es segelt
auf dem Stürmchen
sssssssssst
fort vom Türmchen.

Ihr könnt den Text auch mit Vokalen singen:
Ein I, das saß auf seinem Pi, sang die Geschichte si:
Sitzt ein Wirm if 'nem Tirm ...

Jetzt fängt das Fest erst richtig an

M und T: überliefert/Klaus W. Hoffmann

2. Kürbis und Melone tanzen,
Zwiebel, Dill und Erbsenpflanzen,
Anemonen und Narzissen
sind vom Rhythmus hingerissen.
Ruft der Frosch: „Das find ich heiter,
seht, der Hund tanzt mit der Leiter!“
Alles singt im Chor sodann:
„Jetzt fängt das Fest erst richtig an!“

So könnt ihr begleiten:

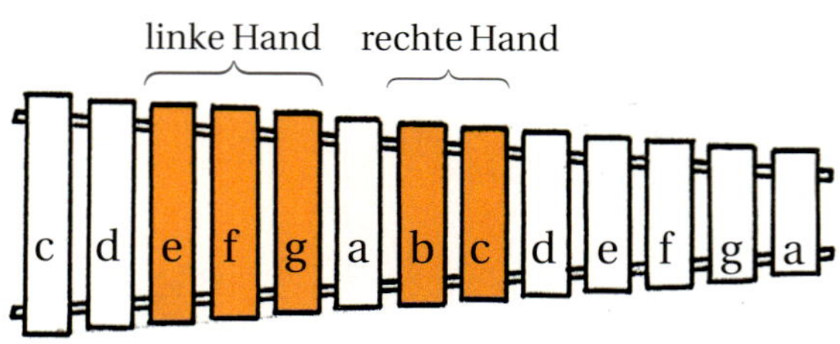

	f			c	für F
e				c	für C
	f		b		für B
		g	b		für Gm

Unsere Nationalhymne

Die Melodie der deutschen Nationalhymne stammt von Joseph Haydn (1732–1809). Ursprünglich hatte er ein Geburtstagslied für den österreichischen Kaiser Franz Joseph komponiert. Später verarbeitete er diese Melodie zu einem Streichquartett, dem „Kaiserquartett".

Den Text schrieb der politische Dichter Hoffmann von Fallersleben im Jahr 1841 und nannte das Werk „Lied der Deutschen". Aber erst 81 Jahre später wurde dieses Lied zur deutschen Nationalhymne erklärt. Während des 2. Weltkrieges wurde mit dem Lied Missbrauch getrieben, indem man aus dem Text das Recht ableitete, sich über andere erheben und sie bekriegen zu dürfen. Seit 1952 wird nur noch die dritte Strophe als deutsche Nationalhymne gesungen. **So hat Joseph Haydn das Musikstück aufgeschrieben:**

Einigkeit und Recht und Freiheit

M: Joseph Haydn • T: Heinrich Hoffmann von Fallersleben

Ei - nig - keit und Recht und Frei-heit für das deutsche Va - ter - land!
Danach lasst uns al - le stre-ben brü-der-lich mit Herz und Hand!

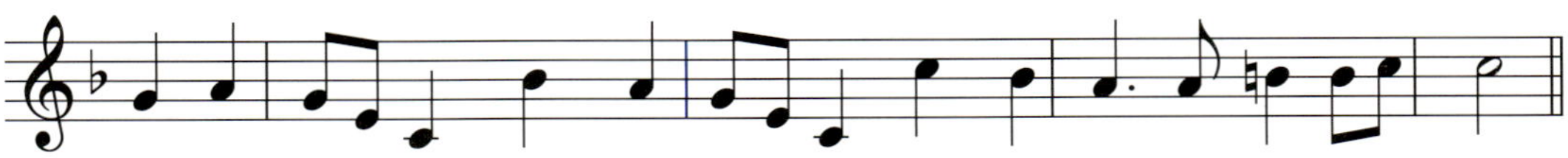

Ei - nig - keit und Recht und Frei-heit sind des Glückes Un - ter - pfand.

Blüh im Glan-ze die-ses Glückes, blü - he, deut-sches Va - ter - land!

Wo könnt ihr die Nationalhymne hören?

Hejo, spann den Wagen an

M und T: aus England

Tanzkanon

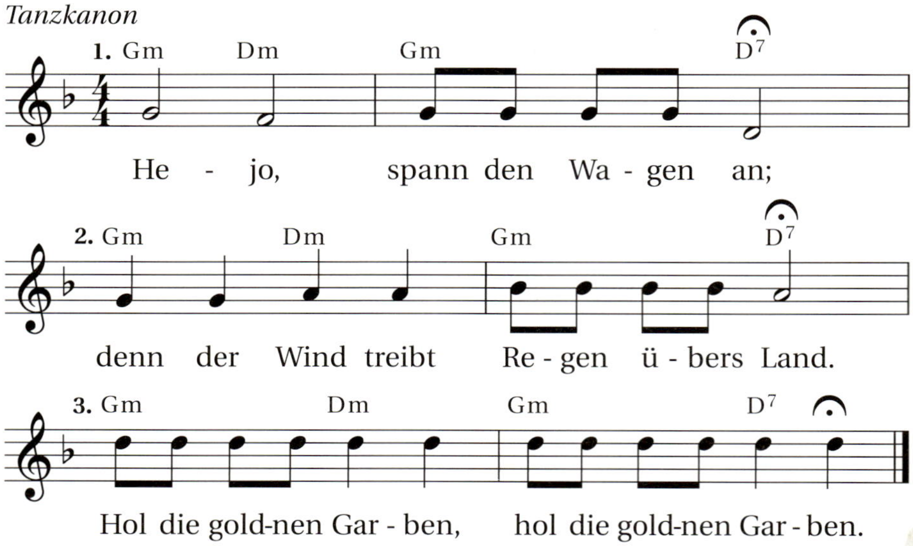

Englischer Text:
Hey, ho,
hitch the wagon up.
Look the wind is
sweeping in the rain.
Fetch the golden corn sheaves,
fetch the golden corn sheaves!

Aufstellung in 3 Reihen mit Tüchern:

1. Zeile: 4 Seitschritte nach rechts und die Tücher heben

2. Zeile: 4 Seitschritte zurück nach links und die Tücher senken

3. Zeile: am Platz die Tücher über dem Kopf schwenken

Überlegt euch noch andere Bewegungsabläufe und Aufstellungen.

Met.

Erntedank

M und S: Heinz Lemmermann • T: Bruno Horst Bull

2. Wir bringen die Melonen,
Mohn, Astern wunderbar,
Getreide, Brot und Bohnen
als Gabe zum Altar.

3. Wir häufen süße Trauben,
des Feldes ganze Pracht.
Wir loben, froh im Glauben,
den Herrn, der dies gebracht.

Bestimmt schafft ihr es, dieses Lied zweistimmig zu singen. Ihr könnt euch zur Sicherheit mit Flöten und Stabspielen begleiten.

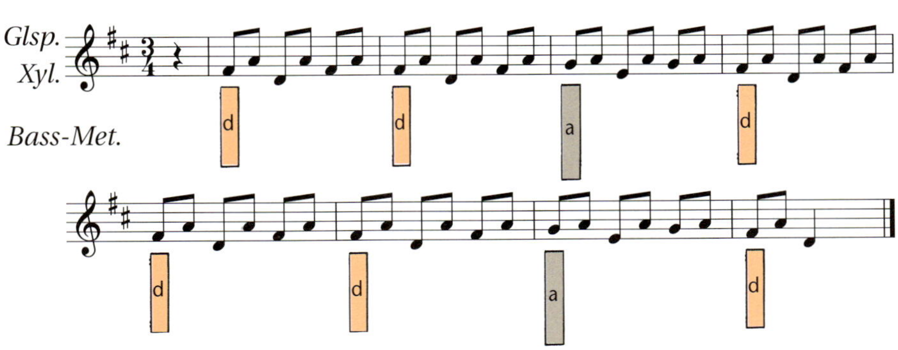

Maria durch ein' Dornwald ging

M: und T: überliefert

2. Was trug Maria unter ihrem Herzen? Kyrieleison. Ein kleines Kindlein ohne Schmerzen, das trug Maria unter ihrem Herzen, Jesus und Maria.

3. Da hab'n die Dornen Rosen getrag'n. Kyrieleison. Als das Kindlein durch den Wald getrag'n, da hab'n die Dornen Rosen getrag'n, Jesus und Maria.

Indianisches Weihnachtslied

M: aus Bolivien • deutsche Textfassung: Heinz Lemmermann

2. Hoch über Bethlehem ein Stern leuchtet den Menschen nah und fern, leuchtet mit seinem hellen Schein bis zu dem Stall, zum Krippelein.

Zu Bethlehem geboren

M: überliefert • T: Friedrich von Spee (1637)

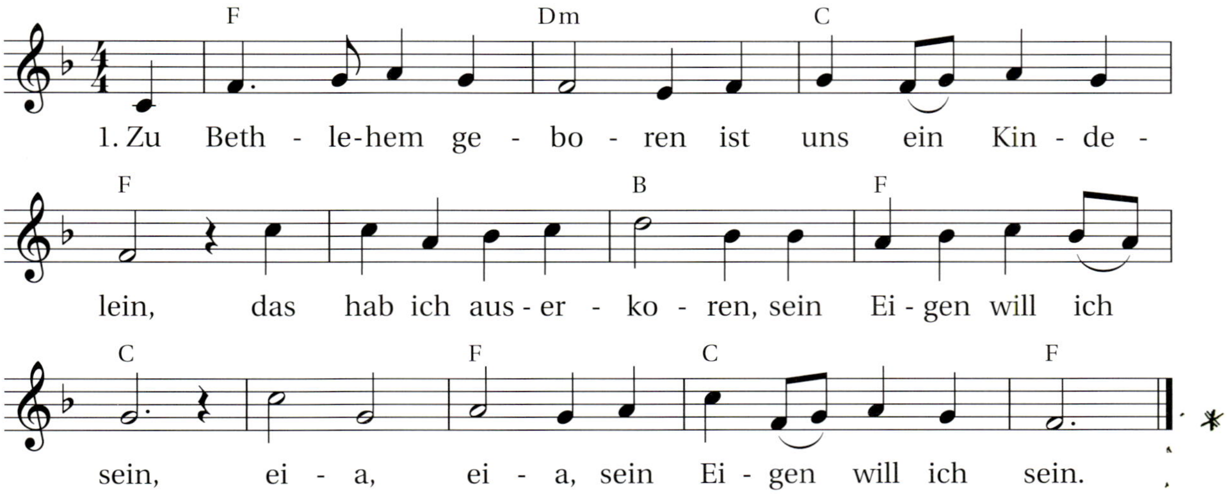

2. In seine Lieb versenken
will ich mich ganz hinab;
mein Herz will ich ihm schenken
und alles, was ich hab,
eia, eia, und alles, was ich hab.

3. O Kindelein, von Herzen
dich will ich lieben sehr
in Freuden und in Schmerzen,
je länger mehr und mehr,
eia, eia, je länger mehr und mehr.

Erster Wintertag

M und T: Wolfgang Spode

2. Es sieht wie weiße Watte aus,
wenn sich die Wolken ballen
und weiße Flocken sanft und sacht
leis auf die Erde fallen.

3. Eisblumen auf dem Fensterglas,
die Pfützen hartgefroren!
Manch einer hat 'ne rote Nas'
und frostig-kalte Ohren.

The north wind does blow

M und T: überliefert • deutsche Textfassung: Eva Hampel

Leise, ganz leise

M und T: Hans-Joachim Hepke

2. Glänzend und gülden strahlt der Sonnenschein,
dringt mit seinem warmen Glanz tief ins Herz hinein.

3. Fröhlich und heiter singt die Vogelschar,
weckt mit ihrem hellen Klang, was im Schlummern war.

4. Schneeglöckchen läuten sanft den Frühling ein,
zarter Blumen Blütenpracht strahlt, uns zu erfreun.

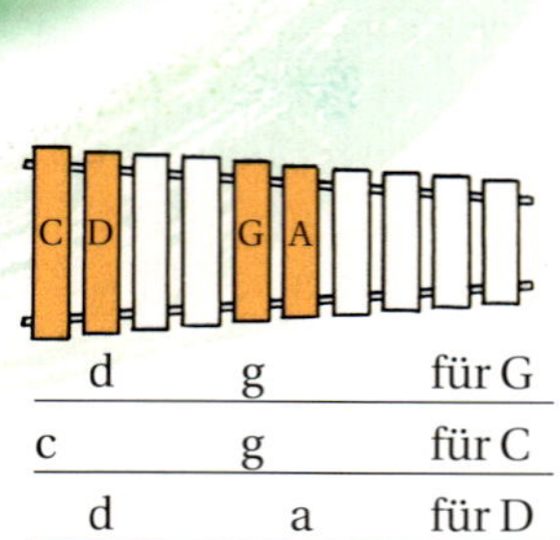

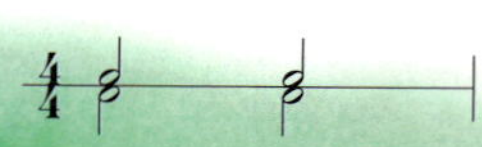

Faschings-Polonaise: Drei Schneider hom se damisch graut

M und T: aus der Oberpfalz

2. Der äiascht sagt: „Gäih du vora(n), oi jäi!“
Der öiascht sagt: „Göih du vora(n),
i bin a alter, kranker Ma(nn),
oi jäi, oi jäi, oi jäi!“

3. Der zwoite sagt: „Gäih du vora(n), oi jäi!“
Der zwoite sagt: „Gäih du vora(n),
i ho(b) ma allabests Röckl a(n),
oi jäi, oi jäi, oi jäi!“

4. Der dritte sagt: „Laaf ma allzsamm weg, oi jäi!
Und wenn der Bär seine Hörner aasstreckt,
dou san mir Schneider allzsamm weg,
oi jäi, oi jäi, oi jäi!“

Quodlibet: Zwei Lieder, die gut zusammen klingen

M und T: überliefert

Der Suma is kuma,
der Winter is aus,
so taugt ma das Leben,
do geh i gern raus!

Sakura

M und T: aus Japan

Übersetzung

Kirschblüte, Kirschblüte!
Ein Märzhimmel ist,
so weit man sehen kann.
Ist es Dunst?
Ist es eine Wolke?
Es duftet und riecht.
Kommt! Kommt!
Wir wollen
die Kirschblüte sehen!

Aussprache:

z wie s
r wie l
izuru wie idsulu

Begleitet das Lied mit tiefen Instrumenten so:

Spielt mit japanischen Papierbällen:

Dort hinter jenen Feldern (Pera stus pera kambus)

M: aus Griechenland
deutsche Textfassung: Jürgen Klöckner

2. Ich höre dort die Messe (3 x) und bete still und fromm.
Was mach ich schöner Bursche (3 x), wenn ich zum Kloster komm?

3. Es steht ein Baum im Garten (3 x), der seltne Frucht mir bringt:
Aus apfelschweren Zweigen (3 x) ein hübsches Mädchen winkt.

4. „Ich bitt dich, komm herunter (3 x), wir bauen uns ein Haus!"
Da trifft sie mich mit Äpfeln (3 x) und lacht mich tüchtig aus.

14

Ferien-Samba

M: Heinz Lemmermann • T: James Krüss

2. Herr Lehrer und Frau Lehrerin,
auf Wiedersehn! Wir reisen
nach Baden oder Württemberg,
nach Bayern oder Preußen.
Was kümmert's uns, wo Pfeffer wächst,
wenn wir nur Zucker schmecken!
Sogar der nächste Aufsatztext
kann uns kein bisschen schrecken.
Hurra, juja ...

3. Herr Lehrer und Frau Lehrerin,
es steht ganz außer Frage,
der nächste Aufsatz heißt bestimmt:
Die schönsten Ferientage.
Doch wer im warmen Sande liegt,
den kann das gar nicht grausen.
Wir sehn jetzt nur, was vor uns liegt:
Zehntausend große Pausen!
Hurra, juja ...

Wie Musik aufgebaut ist

Auf den Takt kommt es an

Betont beim Singen die farbigen Noten.

This old man

M und T: aus England

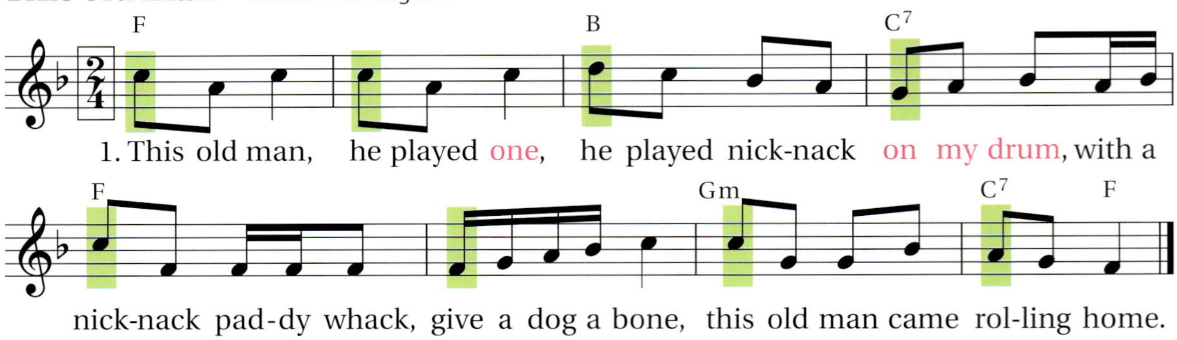

2. ... two ... on my shoe. With a ...
3. ... three ... on my tree. With a ...
4. ... four ... on my door. With a ...
5. ... five ... on my hive. With a ...
6. ... six ... on my sticks. With a ...
7. ... seven ... up in heaven. With a ...
8. ... eight ... on my gate. With a ...
9. ... nine ... on my line. With a ...
10. ... ten ... on my hen. With a ...

Im $\frac{2}{4}$-Takt gibt es zwei Grundschläge.

Morning song

M und T: aus England

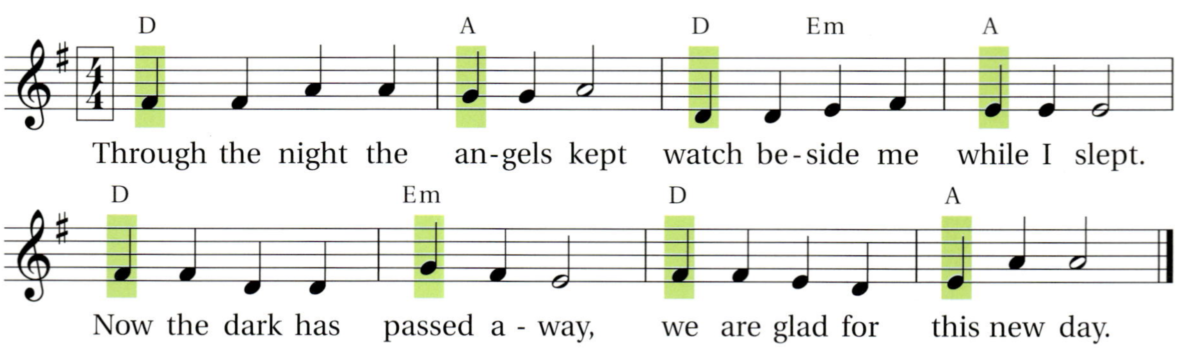

Im $\frac{4}{4}$-Takt gibt es vier Grundschläge.

Lasst uns beginnen

M und T: Fritz B. Metzger

Kanon

Im $\frac{3}{4}$-Takt gibt es drei Grundschläge.

Sucht im Musikbuch weitere Lieder im $\frac{2}{4}$-Takt, $\frac{3}{4}$-Takt und $\frac{4}{4}$-Takt.

Unsere Lieder werden durch betonte Silben in **Takte** gegliedert. Jeder Takt beginnt mit einer betonten Silbe. Es gibt unterschiedliche **Taktarten**, den $\frac{2}{4}$-Takt, den $\frac{3}{4}$-Takt und den $\frac{4}{4}$-Takt.

Übungen:

Sprecht diesen Satz in unterschiedlichen Takten: $\frac{2}{4}$-Takt, $\frac{3}{4}$-Takt, $\frac{4}{4}$-Takt. Fällt euch etwas auf?

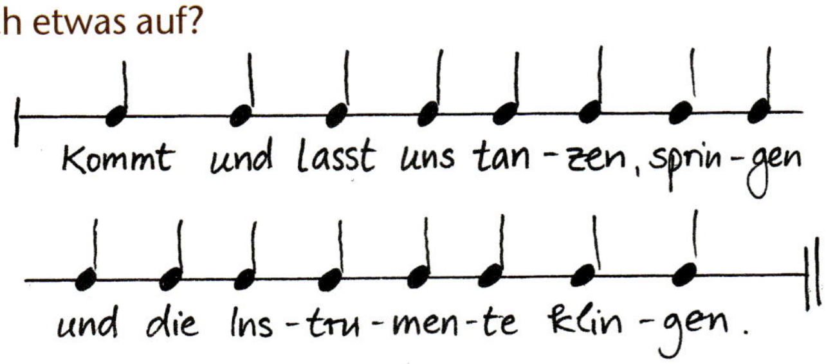

Immer im Takt bleiben!

T und R: E. Hampel • A. Herzog

immer wieder von vorn

Und jetzt im $\frac{3}{4}$-Takt!

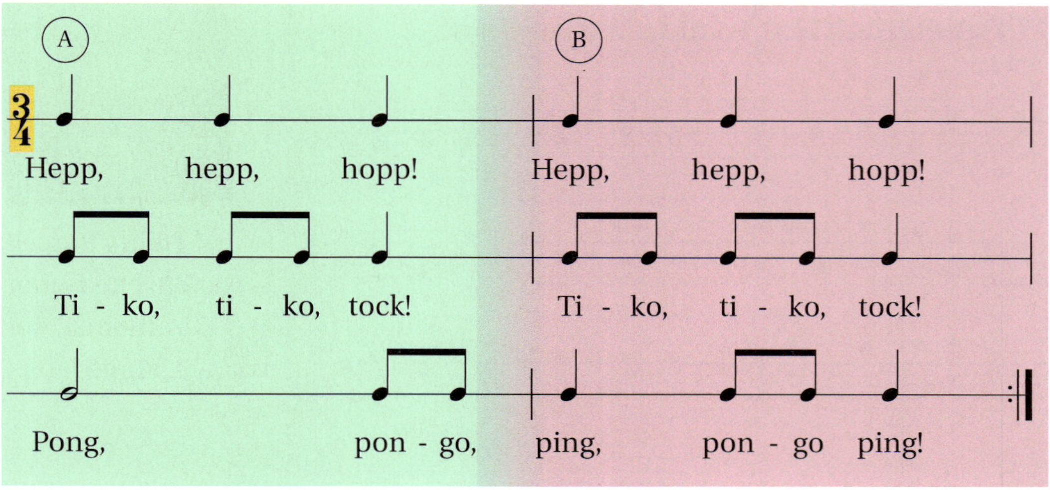

immer wieder von vorn

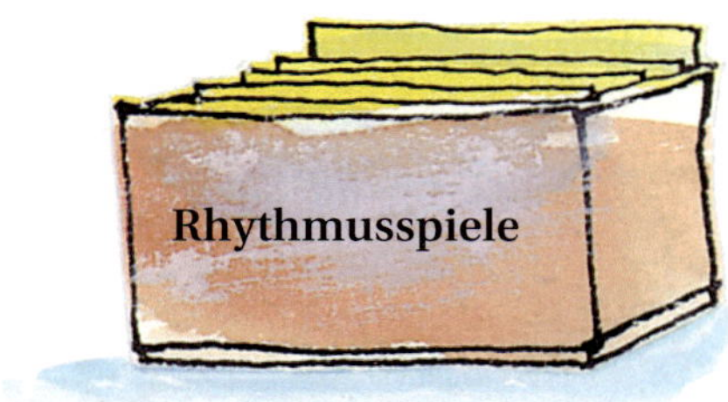

Diese Spiele könnt ihr auch beim $\frac{3}{4}$-Takt ausprobieren.

Für Profis:
Kombiniert den $\frac{4}{4}$-Takt mit dem $\frac{3}{4}$-Takt.

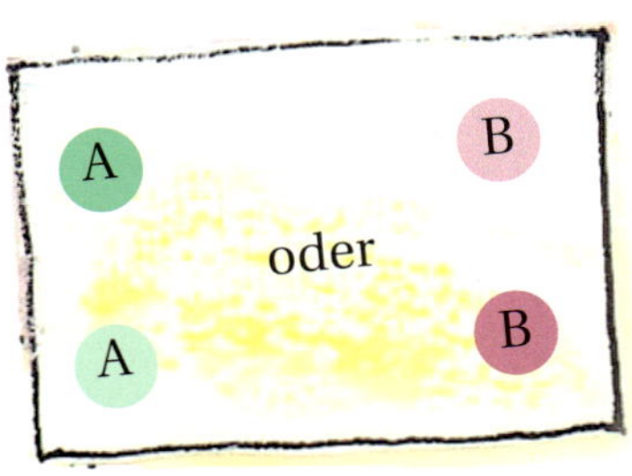

Beginnt mit beiden Sprüchen gleichzeitig. Welcher Spruch endet früher?

Wie oft müsst ihr die Sprüche in beiden Takt-arten sprechen, bevor ihr **gemeinsam** endet?

Miteinander musizieren

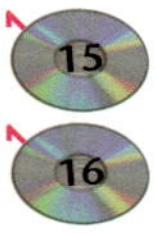

Canon/Mitspielstück im $\frac{3}{4}$-Takt

nach Henry Purcell

Henry Purcell war ein englischer Komponist, der vor 300 Jahren lebte.

- Übt zuerst die Bass-Xylophon-Stimme und die Xylophon-Stimme und spielt sie dann zur CD.
- Übt eine der drei mittleren Stimmen auf dem Klavier oder der Flöte und spielt sie dazu.

17 bis 20

The lion sleeps tonight/Mitspielstück im $\frac{4}{4}$-Takt

M: H. Peretti/L. Creatore/G. Weiss
T: K. Feltz

- Übt zuerst die Bass-Xylophon-Stimme und spielt sie zur CD.
- Spielt dann die Xylophon-Stimmen dazu (1 Xylophon spielt die obere, ein anderes die untere Stimme).
- Hört euch die Melodie-Stimme auf der CD genau an! Übt sie gut und spielt sie zur Aufnahme dazu.
- Spielt das Stück zuletzt ohne CD.

Der Auftakt

Pudelhund M: Horst Weber • T: Lene Hille-Brandt

2. Streckt er im Schlaf die Pfoten raus,
so sah er wie ein Knoten aus,
und darum hieß er Knötchen.

Lieder können unterschiedlich beginnen:

→ **Volltakt** (Betonung ▼ liegt auf dem 1. Ton):

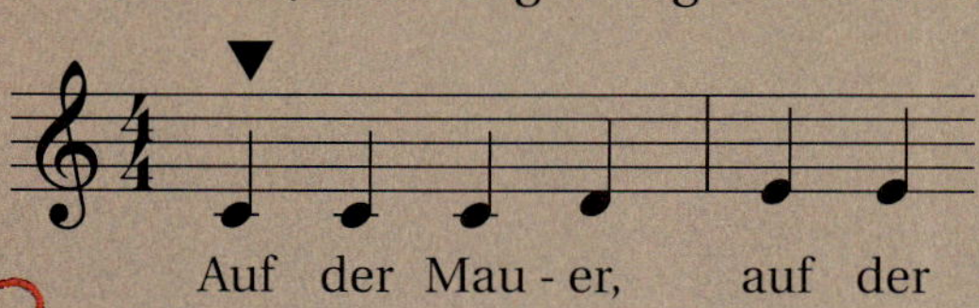

→ **Auftakt** (Betonung ▼ liegt im 1. ganzen Takt):

Diese Lieder kennst du vielleicht schon.
Welches Lied hat einen Auftakt?

Unser Experimentiersatz hat jetzt auch einen Auftakt:

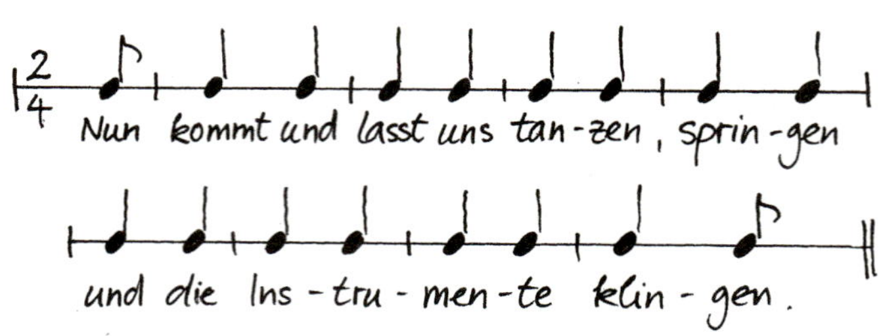

Kleiner Punkt – große Wirkung

21

Die Affen rasen durch den Wald

M und T: überliefert

2. Die Affenmama sitzt am Fluss und angelt nach der Kokosnuss.
3. Der Affenonkel, welch ein Graus, reißt ganze Urwaldbäume aus.
4. Die Affentante kommt von fern, sie isst die Kokosnuss so gern.

22

Punkte hinter einer Note verlängern diese um die Hälfte.

An unserem Experimentiersatz könnt ihr das ausprobieren:

Töne machen Pause

Like ice in the sunshine

M und T: H.Kopp/H. Harders

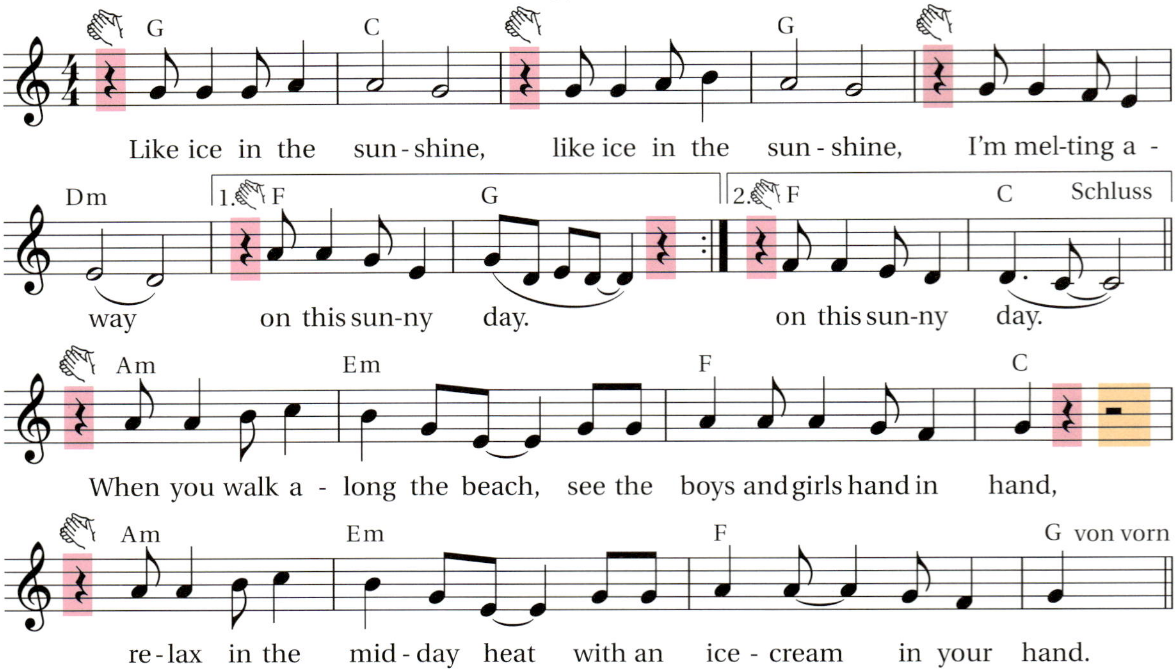

Für verschieden lange **Pausen** gibt es verschiedene Zeichen in der Musik: **ganze Pause** **halbe Pause** **Viertelpause** **Achtelpause**

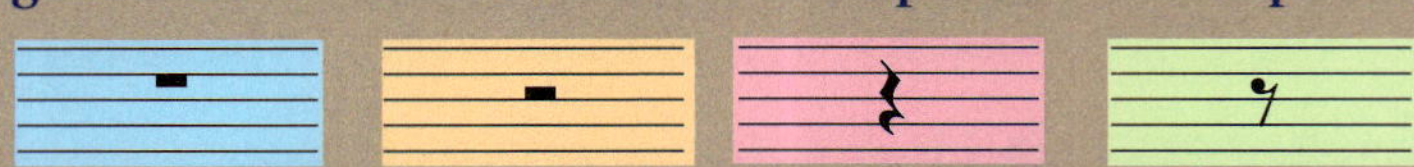

(gan-ze Pause) (Pau-se) (still) (s)

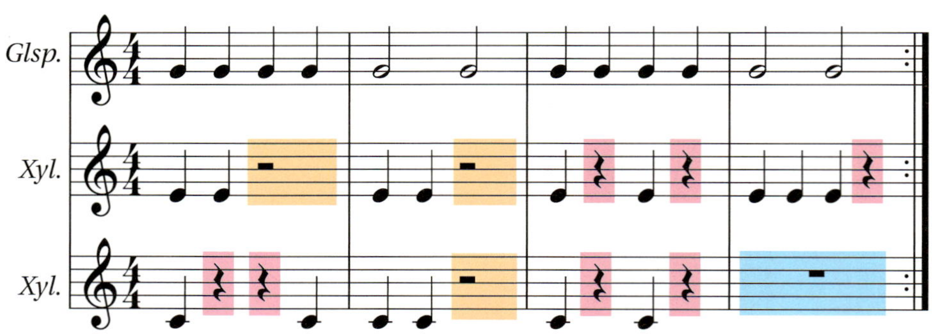

- Klatscht im Grundschlag und überlegt, ob die richtigen Pausenzeichen verwendet wurden.
- Spielt die Notenzeilen auf den Stabspielen. Schlagt bei den Pausen im Takt in die Luft.

Das Auto von Lucio

M: überliefert • T: Gerhard Schöne

- Wenn man das Wort „Loch“ nicht singt, entsteht eine Achtelpause. Probiert es aus.
- Man kann auch andere Wörter durch Pausen ersetzen.

Unser Experimentiersatz steckt voller Pausen ...

In den Notennamen ist das ABC versteckt

M und T: Günther Kretzschmar

Die Reihe zwischen C und C nennt man **Tonleiter**.

Spielt die Melodie der 1. Zeile auf den Stabspielen mit.

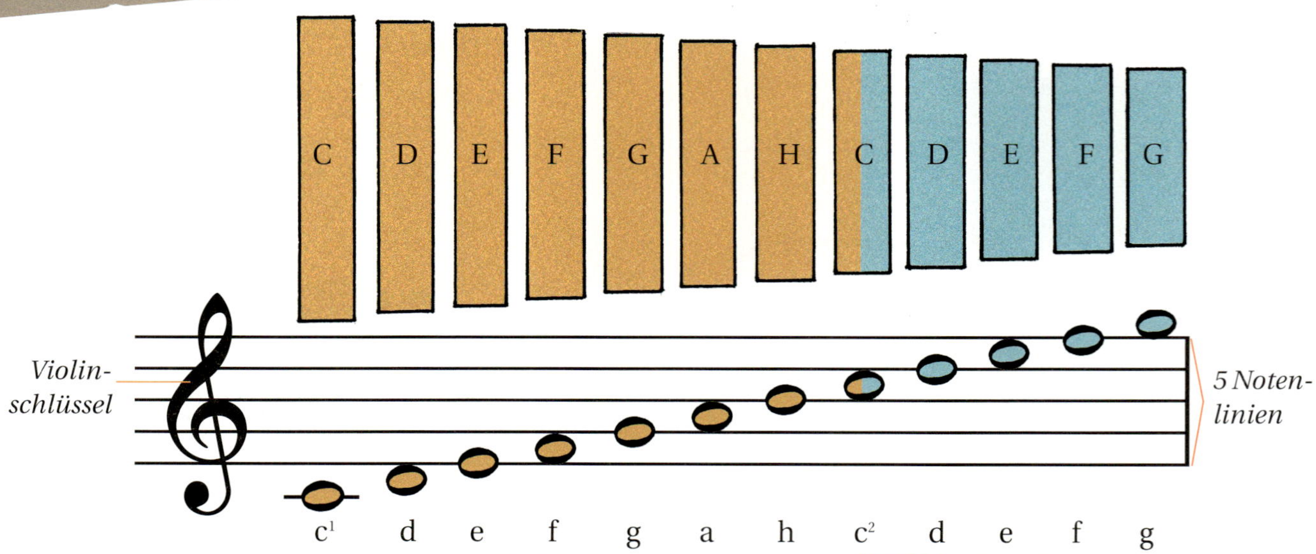

So wird der Notenschlüssel richtig geschrieben:

Diesen Notenschlüssel nennt man Violinschlüssel. Er zeigt uns, auf welcher Linie der Ton g liegt.

Kinder, die Klavier spielen, kennen vielleicht schon den Bass-Schlüssel. Er zeigt ein tiefes f.

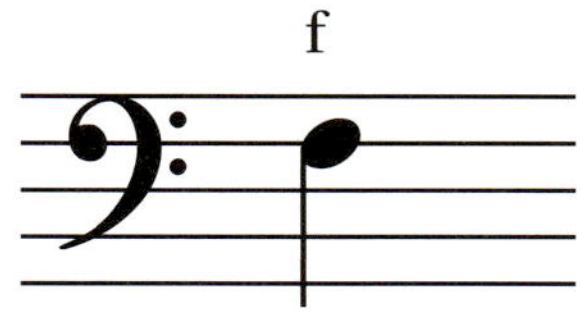

Auf dem Klavier kannst du alle diese Töne spielen:

(diese Noten klingen tiefer)

In Partnerarbeit könnt ihr die Notennamen üben:

- Diktiert Notennamen – das Partnerkind schreibt sie auf oder spielt sie am Xylophon.
- Schreibt Noten auf – das Partnerkind benennt die Noten.

Spielt und singt unseren Experimentiersatz als Tonleiter.

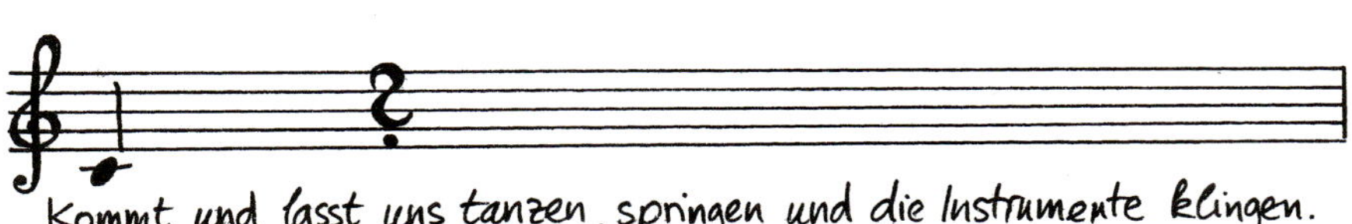

23

Fräulein Dracula

M: Lorenz Maierhofer • T: H. C. Artmann/L. Maierhofer

Melodien können ganz unterschiedlich verlaufen:

gleiche Tonfolgen:

Tonschritte:

Tonsprünge:

Sucht mit der Forscherlupe diese Takte im Lied.
Wo könnt ihr sie entdecken?

Lied-Baupläne

Fing mir eine Mücke heut

M: aus Ungarn • T: H. Lüdecke (1. Str.), J. Königs/H. P. Lehman (2. Str.)

2. Riss ihr dann den Stachel aus, war spitz wie 'ne Nadel.
Macht mir einen Degen draus, sah aus wie von Adel. Wer dies glaubt …

Hans, bleib da

M und T: aus Franken

Sucht euch zu gleichen Teilen gleiche Bewegungen aus.

24

Frau Auguste Semmelrock

M: Wolfgang Jehn • T: Ortfried Pörsel

2. Denn Frau Auguste Semmelrock
hat auf die Flöte keinen Bock,
holt – 1, 2, 3 – den Besenstiel
und rumst von oben beim Flötenspiel.
Rums bumbum bumbum bum ...
rum rum rums!

3. Da reiß ich aus, mach mich davon
und spiel mein Stück auf dem Balkon;
schon gießt sie mit dem Wasserschlauch
die Pelargonien, unsre auch.
Zisch troppel troppel tropp ... zi zi zisch.

4. Das kann doch so nicht weitergehn!
Fortan werd ich wohl Schmiere stehn,
und haut sie ab hin zum Discount,
dann spiel ich meinen Flötensound.
Dubb dubbel dubbel dubb ... du du dubb.

5. Dann kam die Weihnachtszeit mit Macht,
da konnte ich schon „Stille Nacht“,
und plötzlich war’s ihr nicht zu viel,
dass ich „Ihr Kinderlein kommet“ spiel.
Dü düdü düdü dü ... dü dü dü.

6. Wir luden sie zum Kaffee ein,
da gab sie sich ganz lieb und fein.
Ich spielte ihr ein Liedchen vor
und sie bekam ein Flötenohr!
Da dada dada da ... da da da.

7. Schon tanzte sie im Düsenschritt
und klapperte den Rhythmus mit!
Sie hatt’ auf’n mal ’nen Riesenbock
auf meinen duften Semmel-Rock!
Dabb dabba dabba dabb ... dabba dock!
Dabb dabba dabba dabb ... Semmel-Rock!

Spielt das Lied als kleine Szene.

Das Lied könnt ihr so begleiten (ab Takt 1):

Strophe:

Refrain:

Die Alt- und Sopran-Xylophone spielen die Melodie des Refrains mit. Dazu benötigt ihr die Stäbe:

Vorübung:

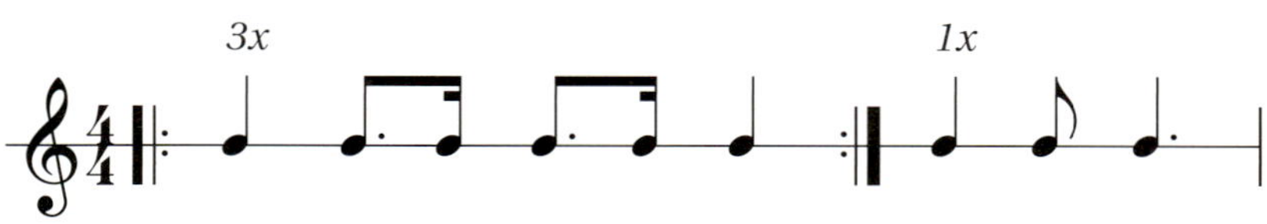

tsch tscha-ka tscha-ka tscha tscha-tscha-ka

Hände auf dem Oberschenkel: re li re li re li re li re

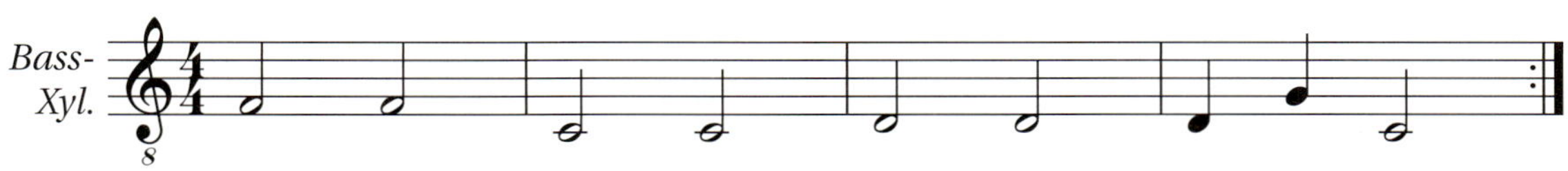

Erforscht das Lied – Nehmt dazu eure Forscherlupe! Was entdeckt ihr alles?

Taktart?

Punktierte Noten?

Notenschlüssel?

Auftakt/Volltakt?

Tonleiterabschnitte?

Gleiche Liedteile?

Pausen?

Werkstatt

Hexen auf Besen

Carl Orff lebte von 1895 bis1982. Er komponierte im letzten Jahrhundert viele Musikstücke, vor allem auch für die Bühne.
Besonders bekannt wurde er durch sein Orff-Schulwerk, mit dem Kinder in aller Welt Musik machen und für das er neue Schlaginstrumente entwickelte. Er wollte immer Musik, Sprache und Bewegung verbinden und legte besonderen Wert auf den Rhythmus – wie beim „Hexeneinmaleins“. Dieser Zauberspruch stammt ursprünglich von Johann Wolfgang von Goethe.

Hexeneinmaleins

M: Carl Orff • T: J. W. von Goethe

Hexeneinmaleins mit Kindern

Du musst verstehn!

10 Kinder stellen sich schnell hintereinander auf. Beim Erreichen des Platzes ruft jedes Kind:

verstehnverstehnverstehnverstehn

Aus 1 mach 10 ...

Jedes Kind schlägt einmal auf (Trommel) (durchgeben).

... und 2 lass gehn ...

Chor: lass gehn, lass gehn **(2 verschwindet)**

... und 3 mach gleich ...

Chor: mach gleich, mach gleich

3 stellt sich neben die 1, dann neben die 5, zum Schluss neben die 10.

... so bist du reich.

Chor: reich reich
reich reich
reich
reich reich

Verlier die 4!

4 Schläge

1 Schlag

Aus 5 und 6 ...

... so sagt die Hex ...

Hexen toben über die Bühne.
Instrumente:

... mach 7 und 8 ...

... so ist's vollbracht.

Trommelwirbel

Chor (laut): Vollbracht!

Und 9 ist Eins ...

Alle Instrumente: 1 Schlag

... und 10 ist keins. **(umdrehen)**

Das ist das ...

Chor: Was?

Das ist das ...

(wilde Musik)

Chor: Was?

HeXeneinmaleins!!

(und verschwinden)

Viele von euch werden die Geschichten vom Drachen „Tabaluga“ schon kennen – von der CD, als Hörkassette, aus dem Musical oder dem Fernsehen. In dem Rockmärchen geht es um einen kleinen grünen Drachen, der als Bewahrer des Feuers gegen die Kälte und Grausamkeit des Eises kämpft. Die Musik und die Texte stammen von Peter Maffay, Gregor Rottschalk und Rolf Zuckowski.

Peter Maffay ist einer der bekanntesten deutschen Rocksänger. Er wurde 1949 in Rumänien geboren und gründete mit 14 Jahren seine erste eigene Band. Seine Soloalben haben sich millionenfach verkauft. Seit einigen Jahren tritt Peter Maffay mit Künstlern aus der ganzen Welt auf und engagiert sich für die Vereinigung unterschiedlicher Kulturen.

Das Lied „Arbeit ist das halbe Leben“ wird in der Strophe als Rap gesungen. Das bedeutet, es wird schnell und rhythmisch ausdrucksvoll zu Schlagzeug und sparsamer Begleitung gesprochen. Der Rap kam Ende der 70er-Jahre von den schwarzen Jugendlichen aus den USA.

Arbeit ist das halbe Leben (Ameisen-Rap)

M: Peter Schirmann/Peter Maffay • T: Gregor Rottschalk

Strophen

Begleitung:

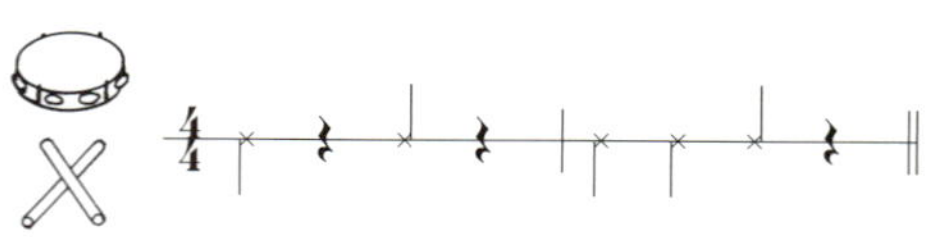

Refrain

Man kann den Rap auch als kleine Vorführung gestalten, mit Sprechergruppe – Orff-Gruppe – Rhythmusgruppe.
Dargestellt werden die Ameisen von 6 Kindern, die Pappquader in eine Richtung tragen, am Ende einer „Rapzeile“ absetzen, sofort wieder aufnehmen und Richtung wechseln.

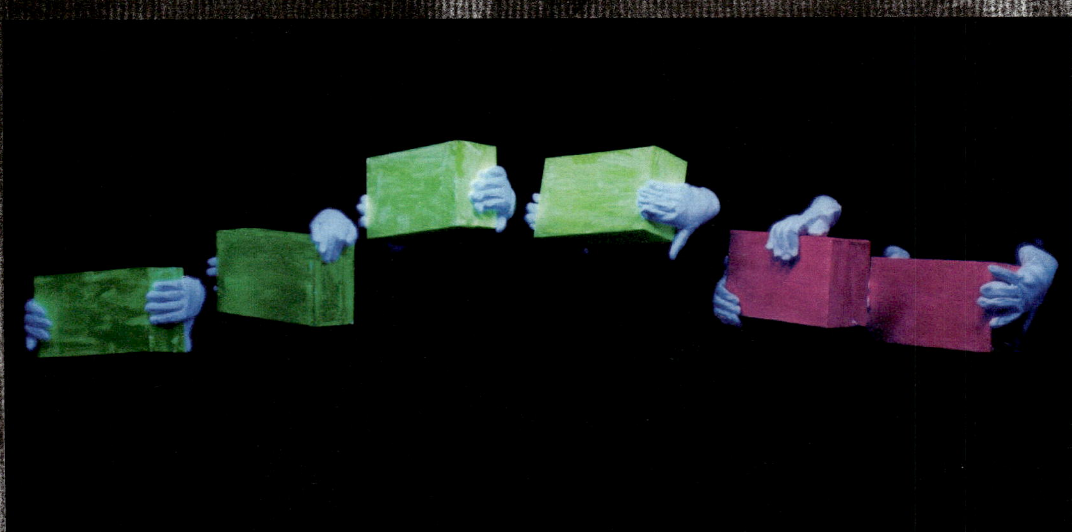

Das Rap-Huhn

M und T: Felix Janosa

Der Rap-Hund wiegt 10 Pfund.

Vielleicht könnt ihr eine eigene lustige Strophe dichten?

Die Rap-Katz macht Rabatz.

Die Rap-Laus kommt groß raus. Der Rap-Stier, der trinkt Bier. Das Rap-Schwein ...

Wörter zum Klingen bringen

Findet Geräuschwörter zu den Bildern. Drückt die Wörter auch durch die Schrift aus.

„Stripsody"

Cathy Berberian war eine sehr ungewöhnliche Sängerin und Komponistin, die im letzten Jahrhundert in den USA und in Italien lebte.

Mit „Stripsody" komponierte sie ein Sprechstück in Comic-Sprache, das weltberühmt geworden ist.

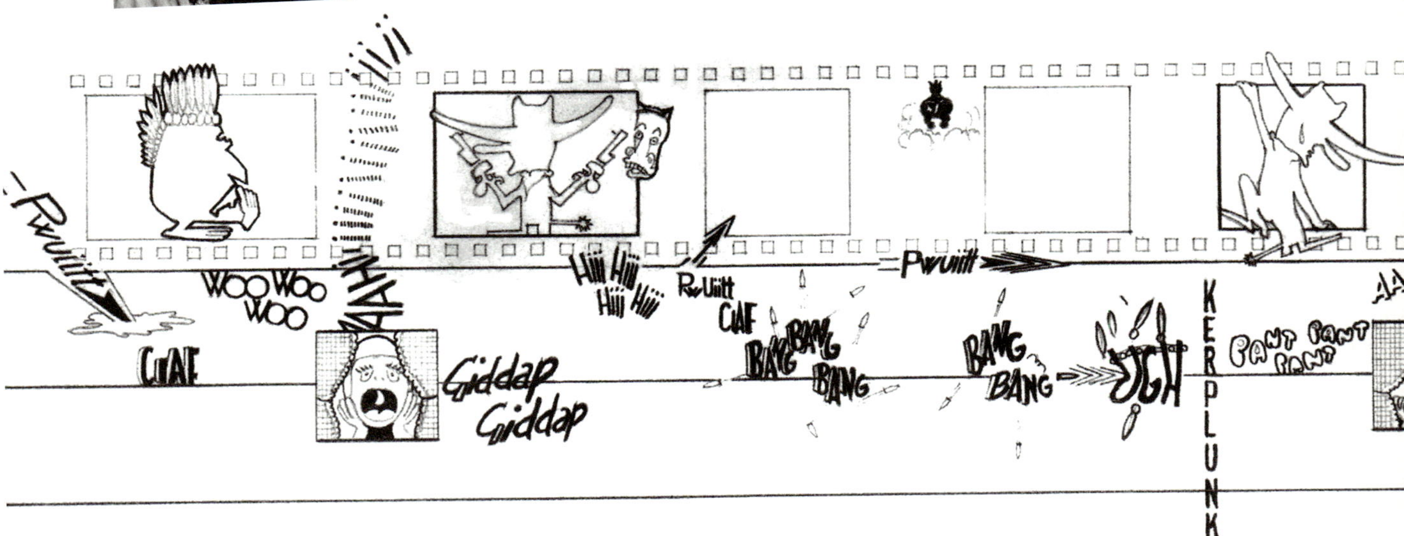

25 Vergleicht die Partitur mit dem Ausschnitt aus Cathy Berberians „Stripsody".

Verschmelzende Klänge

nach einer Idee von Heinz-Jürgen Bräuer

Bringt das Bild mit der Stimme und Instrumenten zum Klingen.
Teilt dazu das Klassenzimmer in vier markierte Felder auf.
Für jedes Feld gibt es eine Vorgabe.

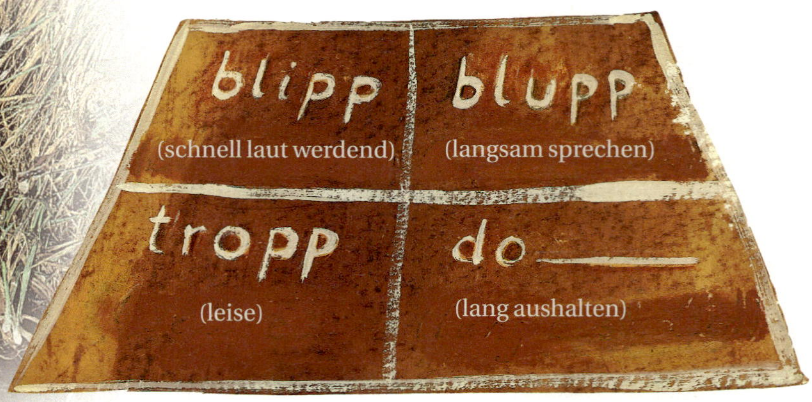

Wandert langsam von Feld zu Feld und verändert eure Stimme nach der Vorgabe.
Ein Dirigent schickt immer andere Kinder auf die Reise und holt sie wieder zurück.
Wie verändert sich der Gesamtklang?

Der ungarische Komponist György Ligeti (geboren 1923) hat nach einem Gedicht das Schmelzen von Eiszapfen als Chorstück komponiert.
26 Er nennt das Stück: Ungarische Etüde I.

Csipp	Tropf,
csepp	tropf,
egy csepp	ein Tropfen
öt csepp	fünf Tropfen
meg tiz:	und zehn:
olvad a jégcsap	Es schmilzt der Eiszapfen,
csepereg a víz	es tröpfelt das Wasser.

Farbtellerkomposition

nach einer Idee von Michael Bradke

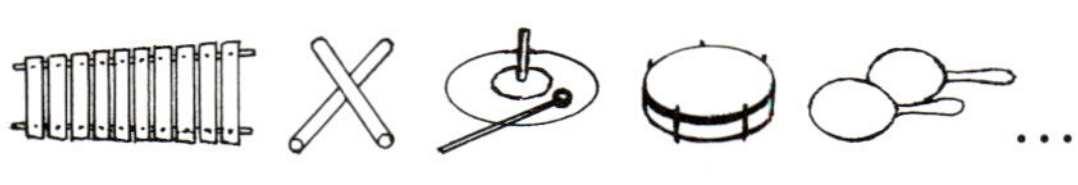

- Bildet Gruppen, in denen jedes Kind eine Farbe erhält. Ordnet nun den einzelnen Farben Klänge zu und bestimmt dafür ein Instrument und seine Spielweise (Töne, Lautstärke, Rhythmus). Zum Beispiel Gelb:

- Jetzt könnt ihr ein Musikstück komponieren.
  Legt in jeder Gruppe einen Dirigenten fest. Der Dirigent zeigt nun auf verschiedene Farbteller.
- Spielt euer Musikstück den anderen Gruppen vor.
  Vergleicht eure Kompositionen und findet passende Titel dafür.

Spiele mit Tönen und Melodien

1 Rhythmus-Kette

Gebt verschiedene Rhythmen im Kreis weiter, z. B.

Für Profis: Mehrere Rhythmen nacheinander „losschicken“.

2 Dirigentenspiel

Der Dirigent oder die Dirigentin spielt einen kurzen Rhythmus vor, alle anderen spielen diesen Rhythmus nach.

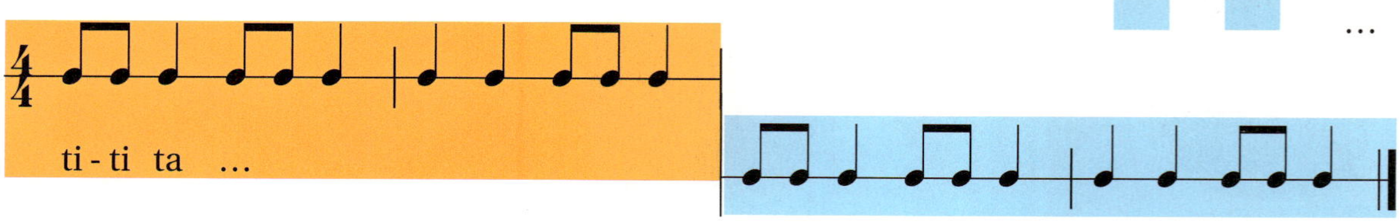

3 Frage-Antwort-Spiel

Kind 1 stellt mit seinem Instrument eine kleine musikalische Frage.

Kind 2 antwortet mit seinem Instrument.

Kind 2, 3, 4 ... antwortet mit dem Instrument:

…

Eine lustige Variante: Verwendet anstelle von Instrumenten eure Stimme.

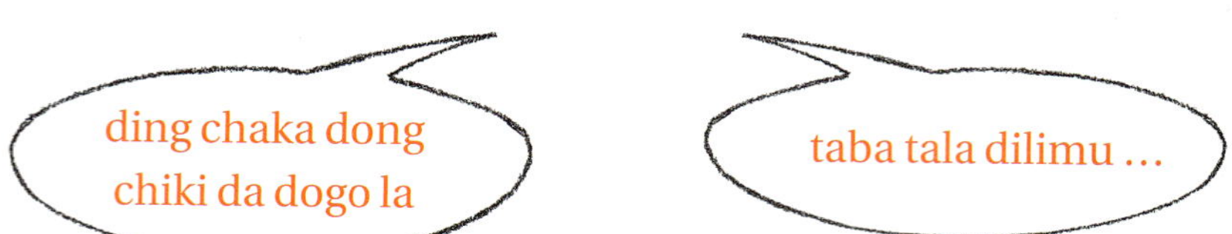

4 Frage-Antwort-Spiel

Zeit für kleine Improvisationen
(eigene musikalische Erfindungen)

Mögliche Begleitung:

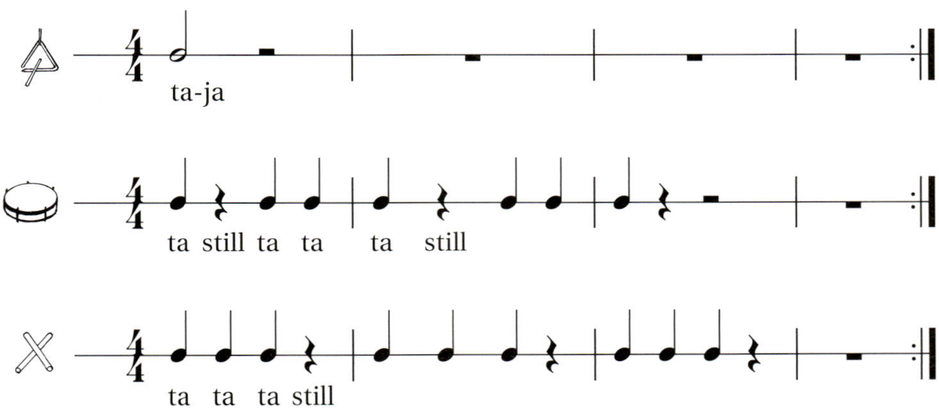

Wenn ihr dann richtig fit seid:

Eine kleine „Tanzgruppe“ bewegt sich zu 

Bei „frieren“ die Bewegungen ein.

Ein Tanzsolist  macht jetzt alleine weiter.

Er bleibt dafür bei stehen.

Der Mumpf

Michael Ende

Am Grunde eines Teichs im Sumpf,
zwischen Algen und Wassergrün,
da saß vor seinem Haus ein Mumpf
und mumpfte vor sich hin.

Eine Mümpf, die ihres Weges kroch,
blieb atemlos bei ihm stehn
und keuchte: „Ach, Mumpf, so denk dir doch,
ich hab einen Menschen gesehn!

Einen richtigen Menschen mit Arm und Bein
und einem schönen Gesicht!“
Da knurrte der Mumpf: „Lass die Kinderei'n!
Denn Menschen gibt es doch nicht.

's ist längst bewiesen, dass außer dem Teich
ein Leben nicht möglich wär.
Und Menschen sind – entschuld'ge nur gleich! –
doch bloß eine Kindermär.

Drum wend dich lieber der Wirklichkeit zu:
unserm nahrhaften Schlick und Schleim.
Und vor allem sag mir, wie findest du
mein neues, prächt'ges Heim?“

Da lachte die Mümpf ihn einfach aus:
„Ach, Mumpf, lass dein dummes Geschniefel!
Worin du da wohnst, dein neues Haus
ist ein alter Kinderstiefel!“

Manche Menschen sagen nach diesem Gedicht:
Ach was, einen Mumpf – den gibt es doch nicht!

- Denkt euch eine stimmungsvolle „Unterwassermusik“ aus.
- Mumpf und Mümpf sind verschieden – erfindet für beide Erkennungsmelodien.
- Plant eine kleine Aufführung:

Vorspiel:
Unterwassermusik

Gedichtvortrag:
Erzähler, Sprecher …
Erkennungsmelodien
leise Unterwassermusik

Nachspiel:
Unterwassermusik

Regenstock

Handtrommel mit Linsen

Mit diesen 5 Tönen könnt ihr viele verschiedene Melodien finden.
Damit könnt ihr die letzte Zeile des Gedichts traurig, witzig oder rhythmisch gestalten.

KÄUFE – WOHNUNGSSUCHE – VERKÄUFE

Seit Wochen **suchen** wir ein Haus,
wir müssen aus dem alten **raus**.
Das neue sollte nicht zu klein
und etwa so beschaffen sein:
acht Zimmer zum Hausen,
acht Küchen zum **Schmausen**,
acht Wannen zum **Duschen**,
acht Flure zum **Huschen**,
acht Öfen zum **Wärmen**,
acht Treppen zum **Lärmen**,
acht Fenster zum **Gucken**,
acht Ecken zum **Spucken**,
acht Türen zum **Schlagen**,
acht Wände zum **Nagen**,
rundherum ein **Riesenpark**,
Preisvorstellung: **Eine Mark**.
Wer hilft uns aus der Wohnungsnot?
Wir warten auf Ihr Angebot!

Familie Erdmännchen

Robert Gernhardt

Telefon 61940 Erdmännchen

- Die Wohnung ist gefunden. Spielt die „Freudenmusik“ der Erdmännchen.
- Probiert andere Instrumente zum Gedicht.
- Notiert, was und wie ihr mit den Instrumenten spielt.
- Stellt euch das Gedicht mit anderen Tieren vor: Elefanten, Ameisen ...

Pizza-Song

Nehmt mit einem Kassettenrekorder auf,
welche Geräusche man in einer Pizzeria hören kann.

Aus den Geräuschen kann man ein „Rhythmus-Stück“ machen.

Löffel-Kantate

nach einer Idee von Josef Elzenbaumer

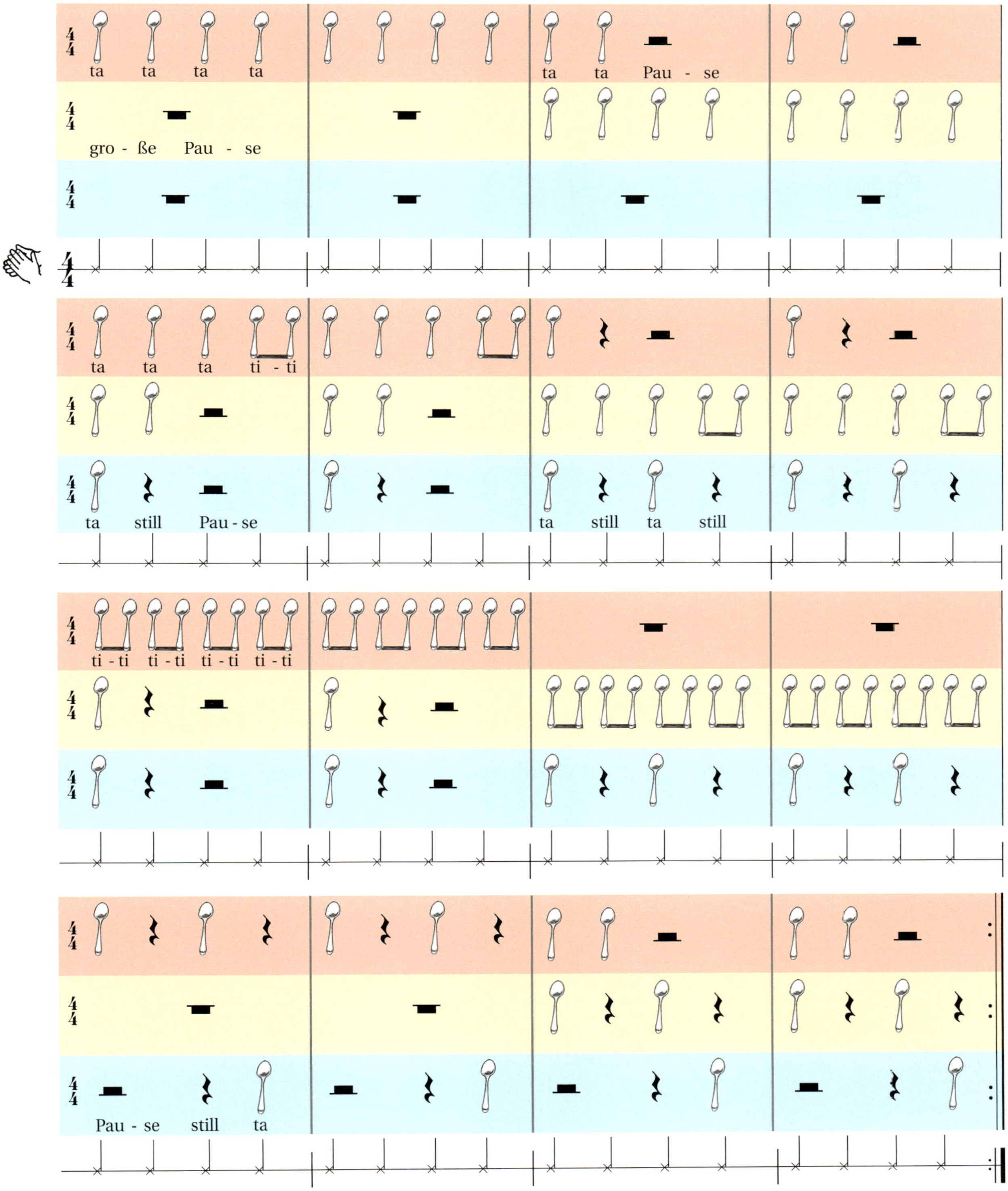

Übt jede Stimme sorgfältig. Probiert es dann mit zuerst zwei, dann mit drei Stimmen gleichzeitig.

Musik bei uns und woanders

Schuhplattler

R und T: mündlich überliefert, Idee nach Jürgen Zimmermann

1 „Mützengruß“

2 schnipsen

3 klatschen

4 patschen auf Unterarm (einseitig)

5 patschen auf Oberschenkel

6 Schlag auf die angehobene Fußsohle (einseitig)

Trainiert zuerst die 6 Bewegungen alleine, bis ihr sie ganz automatisch könnt.
Erfindet zum Sprechvers auch eine Melodie.

Troika

Die Troika ist ein Tanz, der um die Jahrhundertwende von russischen Einwanderern in den USA nach einem russischen Volkslied geschaffen wurde.
„Troika“ ist in Russland ein Wagen, der von 3 Pferden gezogen wird.

A

Dreiergruppen laufen durch den Raum (16 Schritte).

linker Tänzer durch das Tor (8 Schritte)

rechter Tänzer durch das Tor (8 Schritte)

B

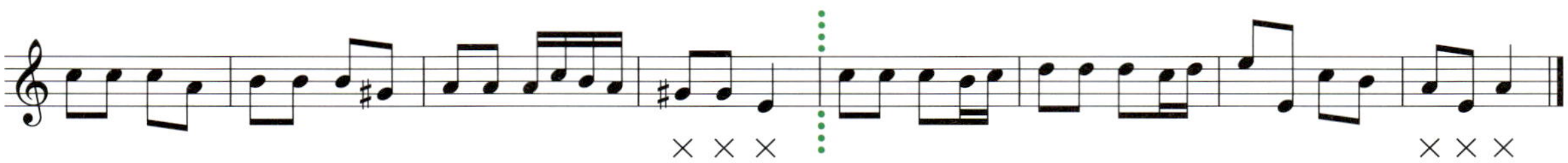

Dreiergruppen laufen im Kreis linksherum (12 Schritte).
Dann dreimal am Platz stampfen (× × ×).

Dreiergruppen laufen im Kreis rechtsherum (12 Schritte).
Dann dreimal am Platz stampfen (× × ×).

Ein typisch russisches Zupfinstrument ist die Balalaika.

Die tanzende Katze

28

M und T: Helmut Maschke

2. In Nizza tanzt sie immer Polonaise, Polonaise …
und isst viel später dann die Bouillabaisse, Bouillabaisse …

3. In Boston tanzt sie immer Rock and Roll, Rock and Roll …
zuerst in Dur und manchmal auch in Moll, auch in Moll …

4. In Pilsen tanzt sie immer Polkaschritt, Polkaschritt …
da hüpft sogar die Tante Olga mit, Olga mit …

5. In Wien, da ist jetzt immer Disco-Zeit, Disco-Zeit …
da sind die coolen Katzen nicht mehr weit, nicht mehr weit …

Beliebig viele Tänze und ihre Herkunftsländer können zu Strophen gestaltet werden.

- Zu diesem Lied kann man auch sehr gut tanzen:
  Strophe: Führt die in dem Tanz besungenen entsprechenden Bewegungen auf einem Platz frei aus.
  Refrain: Lauft im Kreis im Uhrzeigersinn – dreimal klatschen auf „schubi dei“ – lauft gegen den Uhrzeigersinn – dreimal klatschen auf „schubi dei“.
- Spielt zu den gesprochenen Teilen den Rhythmus mit unterschiedlichen Instrumenten.

American Square-Dance

Der Square-Dance entstand in Amerika aus den Folkloretänzen der dort eingewanderten englischen Siedler. Seit Mitte des letzten Jahrhunderts gewinnt er auch bei uns immer mehr Anhänger. Es ist ein flotter und sehr abwechslungsreicher Tanz.
Jeweils vier Paare bilden zusammen einen Square (Quadrat). Ein Caller (deutsch: Rufer) ruft den Tänzern bestimmte Kommandos (Calls) zu. Bei jedem Kommando ist eine genau festgelegte Bewegung auszuführen. Die guten Tänzer beherrschen über 100 solcher Figuren. Man muss sich konzentrieren, denn der Caller baut die Figuren immer wieder anders zusammen. Diese Calls erfolgen in Englisch und sind weltweit gleich. So kann ein Square-Dancer in jedem anderen Land problemlos mittanzen, ohne die Landessprache zu beherrschen. Square-Dance ist also ein völkerverbindender Tanz! Square-Dance kann man in Clubs lernen und trainieren. Clubs besuchen sich gegenseitig zum gemeinsamen Tanzen. Square-Dancer tragen eine spezielle Kleidung und legen besonderen Wert auf Höflichkeit und Freundschaft.

Unser Square-Dance: **Captain Jinks** nach einer Idee von Carola Schormann

Der Text des Callers:

Now do-sa-do with your corners all,
your corners all, your corners all.
And it's do-sa-do with your partners all,
for that's the style in the army.
Allemande left with your corners all,
your corners all, your corners all.
Allemande right with your partners all,
and swing them all around.
Balance to your corners all, your
corners all, your corners all.
Swing the corner lady all, and
promenade the hall ...

Beim Square-Dance sind für jeden Tänzer zwei Mittänzer besonders wichtig: der **Partner** und der **Corner**.

Die Partner sind ein Tanzpaar (Junge und Mädchen). Corner ist der Tänzer auf der jeweils anderen Seite (nicht der Partner).

1

Now do-sa-do with your corners all, your corners all, your corners all.

Do-sa-do: Die Tänzer (Corner) gehen rechts aneinander vorbei, weiter Rücken an Rücken, dann rückwärts aneinander vorbei, bis sie sich wieder gegenüberstehen.

2

And it's do-sa-do with your partners all, for that's the style in the army.

Das Gleiche mit dem Partner.

3

Allemande left with your corners all, your corners all, your corners all.

Allemande left: Corner am linken Arm fassen und <u>gegen den Uhrzeigersinn</u> umeinander herumgehen.

4

Allemande right with your partners all, and swing them all around.

Allemande right: Partner am rechten Arm fassen und <u>im Uhrzeigersinn</u> umeinander herumgehen.

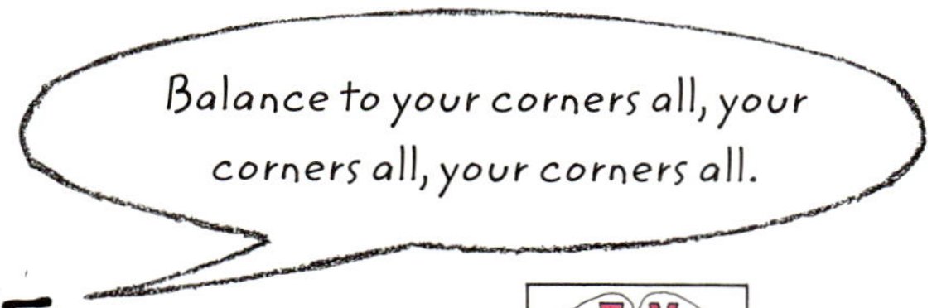

5

Balance: Man steht dem Corner gegenüber und macht mit dem linken Fuß einen Schritt nach vorn, verlagert das Gewicht wieder auf den rechten Fuß und stellt den linken Fuß zurück neben den rechten Fuß.

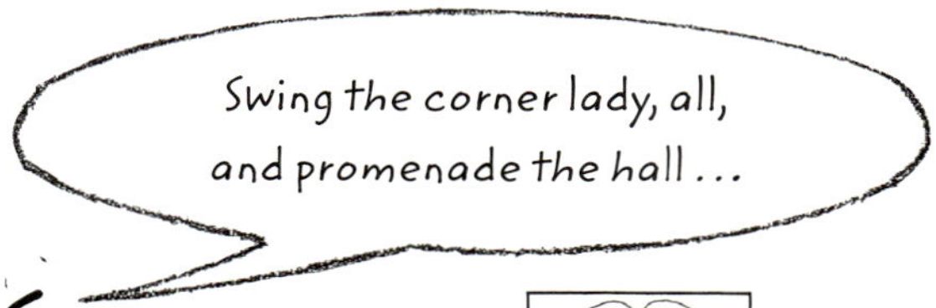

6

Swing: Einmal in Beidhandfassung um sich selbst herumdrehen.

Promenade: Die Corner stellen sich nebeneinander, wobei die Hände über Kreuz gefasst werden.

Nun im Uhrzeigersinn nebeneinander im Kreis gehen, Mädchen außen, Jungen innen.

Neue Paare!

Nun beginnt der Caller wieder von vorne.

Achtung: Mit jedem Durchgang hat man einen neuen Partner und einen neuen Corner. Der Text wird sechsmal wiederholt und damit der Tanz ebenso oft getanzt.

Der Feuervogel – Ballettmusik in fünf Bildern

Im Jahr 1910 schrieb der russische Komponist Igor Strawinsky die Ballettmusik „Der Feuervogel“. Die Idee dazu lieferten ihm die in seiner Heimat bekannten Märchen vom Zauberer Kastschei und vom Feuervogel.

Es ist Nacht. Auf der Jagd nach dem Feuervogel hat sich Prinz Iwan im Wald verirrt, wo er plötzlich auf eine Mauer stößt. Er läuft hin und her und sucht vergeblich einen Eingang. Schließlich überspringt er die Mauer und findet sich in einem Zaubergarten wieder. Dort ist alles verwunschen.

30

1. Der Zaubergarten

Im Zaubergarten fliegen fremde, bunte Vögel durch die Luft, Bäume mit schillernden Früchten bewegen sich geheimnisvoll und überall liegen merkwürdige Steine.

Hört die Musik und malt den Zaubergarten.

31

2. Der Tanz des Feuervogels

Der Prinz versucht den schönen Feuervogel zu fangen, was ihm schließlich auch gelingt.

Damit der Vogel wieder freikommt, schenkt er dem Prinzen eine Zauberfeder, die ihm helfen wird, wenn er einmal in Not gerät.

Spielt mit passenden Instrumenten die Verfolgungsjagd von Prinz und Feuervogel.

32

3. Reigen der Königskinder

Mehrere Königskinder, die vom Zauberer Kastschei gefangen gehalten werden, spielen im Zaubergarten Ball. Jeder, der sie retten will, wird von Kastschei in einen Stein verwandelt.

Spielt immer wieder die Melodie auf dem Xylophon.
Dazwischen dürfen Kinder ihre eigene Musik erfinden.

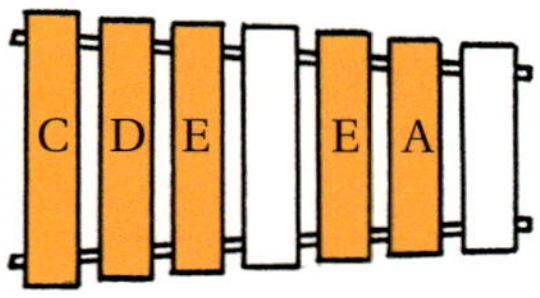

Ablauf: Reigenmelodie A (zwei Takte) – freie Musik B (zwei Takte) – A – B – A …
Diese Musikform nennt man Rondo.

33

4. Kampf mit dem Zauberer

Prinz Iwan beschließt die Königskinder zu befreien. Als der Zauberer Kastschei das bemerkt, bedroht er Iwan. Es kommt zum Kampf. Da erinnert Iwan sich an die Zauberfeder. Er wirft sie hoch und sofort erscheint der Feuervogel. Dieser zeigt Iwan das Lebensei des Zauberers. Der Prinz zerschlägt es und der Zauber ist gebrochen.

Bastelt euch Zauberstäbe aus Küchenpapierrollen, Tonpapier, Kreppstreifen, Alufolie …, mit denen ihr zur Musik tanzt.

Du kannst dir eine Maske bauen, dich schwarz oder rot kleiden oder so, wie du dir einen Zauberer vorstellst.

34

5. Triumphzug

Die Steine und Bäume erwachen zum Leben. Die vom Zauber Erlösten winken dem Feuervogel nochmals zu, bevor er für immer verschwindet. Im feierlichen Triumphzug bewegen sich nun alle zum Schloss, wo ein großes Fest gefeiert wird.

Überlegt euch Tanzschritte, die gut zur Musik passen.
Könnt ihr sie mit eigenen Zeichen aufschreiben?

Sambalele, kleiner Chico

M: frei nach der brasilianischen Volksweise • T und S: Lorenz Maierhofer

Refrain-Begleitung:

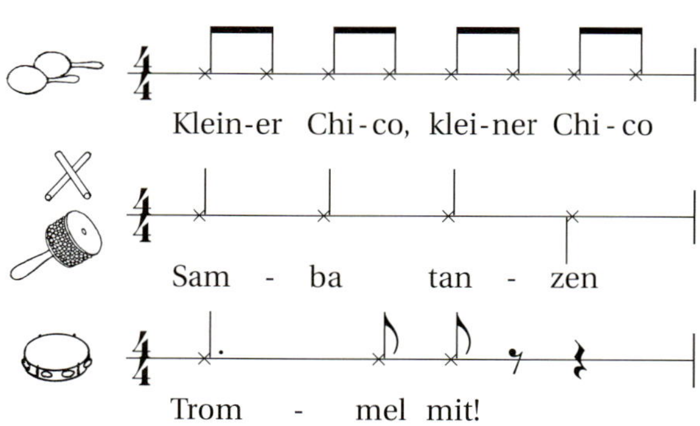

2. Sinkt auch am Abend die Sonne,
trommelt er weiter voll Wonne,
bis auch der Mond und die Sterne
singen mit ihm aus der Ferne. O Samba …

36

Die Wurzeln der mitreißenden Samba-Musik liegen in Afrika. Die schwarzen Sklaven brachten ihre Lebensweise, ihre Musik und ihre Tänze mit nach Südamerika. Heute kennt man Samba vor allem durch den berühmten Karneval in Rio de Janeiro.

Streetball for music

37

A Jede Bewegung wird 4-mal ausgeführt. Hört dabei auf die Bass-Drum des Schlagzeugs.

1
mit rechter Hand auf Boden prellen

3
Seitschritt nach rechts, dabei Ball auf Boden prellen

5
nach hinten gehen, dabei Ball auf Boden prellen

2
mit linker Hand auf Boden prellen

4
Seitschritt nach links, dabei Ball auf Boden prellen

6
nach vorn gehen, dabei Ball auf Boden prellen

7 + 8
Ball zum rechten Nachbarn prellen und beim nächsten Bass-Drum-Schlag den Ball des linken Nachbarn fangen

B Bewegt euch frei durch den Raum, tauscht die Bälle, werft sie einfach in die Luft …
Der Ball bewegt sich in diesem Teil völlig ohne Geräusch.

Ablauf:

Vorspiel	A	B	A	B	A	Schluss
	3x		2x		4x	A 1–4

Banuwa M und T: traditionelles Tanzlied aus Afrika

Melodie

38

Das ist ein **Balafon**.
Du kennst sicher schon das Xylophon.
Es ist zwar bei uns viel bekannter,
wurde aber dem afrikanischen Balafon
nachgebaut.

Xylophon-Begleitung (ihr könnt die Melodien aber auch mitsingen):

39 bis 41

Tanzbegleitung:

Grundschritt im Grundschlag

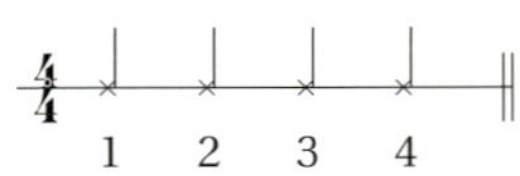

1 – Seitschritt auf rechten Fuß, Gewicht bleibt auf linkem Fuß
2 – Fuß wieder ranziehen
3+4 – gegengleich mit linkem Fuß

Wenn ihr eine Gitarre habt, passt auch diese Begleitung:

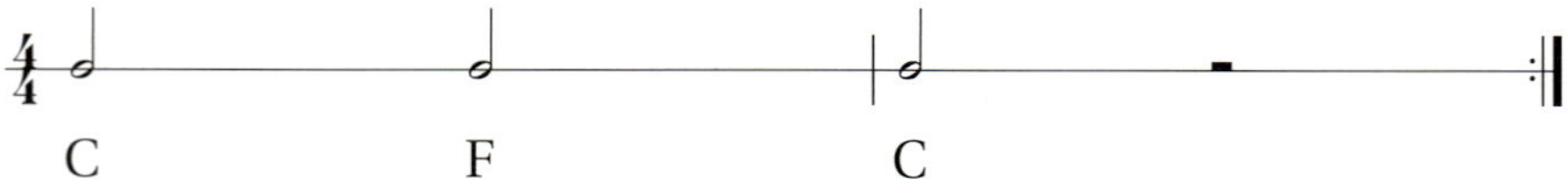

Begleitung für Xylophon:

Rasseln/Shaker kannst du auch selbst basteln.

Begleitung für Rasseln:

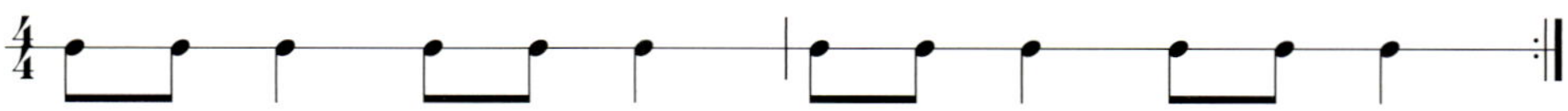

Auf den **Water-Drums** kannst du mit Schlägeln wie auf einem Xylophon spielen.

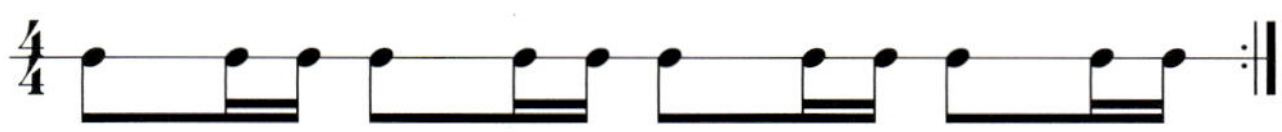

Die bekannteste Trommel aus Afrika heißt **Djembe**.

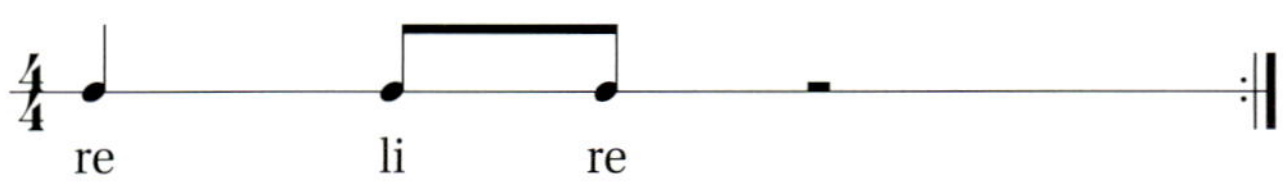

Die **Eisenglocken** haben zwei verschiedene Töne:

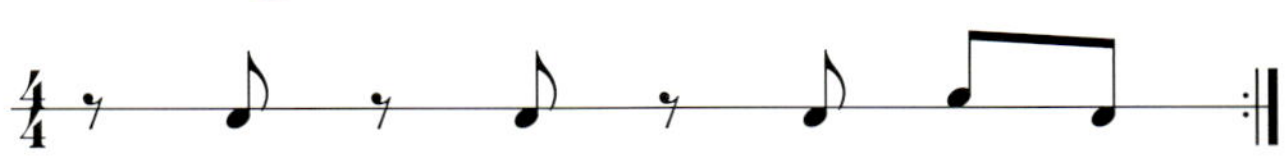

Für ein Konzert:
Es spielen nicht immer alle Instrumente gleichzeitig. Vereinbart ein Zeichen, das anzeigt, wer wann mit seiner Stimme oder Begleitung einsetzt.

Gamelan-Musik aus Indonesien

Viele Instrumente eines Gamelan-Orchesters kennst du bereits:

Metallophone, Xylophone, Trommel, Gong

Zu einem Gamelan-Orchester gehören auch Flöten (Suling), Lauten (Rebab) und Zithern (Celempung).

42

Die Gamelan-Musik wird zu Schattenspielen und Tanzszenen gespielt. Ein ganz besonderes Instrument ist dabei das **Angklung**. Es besteht aus hohlen Bambusröhren, die wie die Töne eines Xylophons gestimmt sind. Wenn du den Rahmen der lose aufgehängten Einzelteile schüttelst, erklingt ein klappernder Rasselton.

43 bis 46

Eine kleine Gamelan-Musik

Xylophon/einzelne Klangbausteine (Angklung):

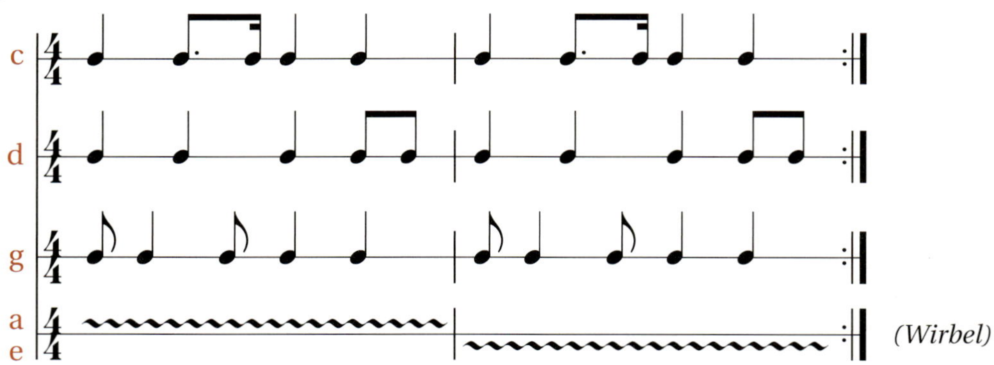

Metallphon:

Der Dudelsack – ein Volksmusikinstrument

Der Dudelsack war früher in ganz Europa verbreitet. Auf vielen alten Bildern sieht man Hirten, fahrende Sänger oder Soldaten auf „Sackpfeifen“ spielen.
Der Name verrät dir schon etwas über seine Bauweise: Durch einen Blasebalg wird die Luft in Röhren gepresst.
Hierdurch entsteht der eigentümlich gepresste und durchdringende Ton.
Außer in Schottland, wo der Dudelsack das Nationalinstrument ist, wird er heute wieder verstärkt in der Oberpfalz und im benachbarten Böhmen (Gebiet in Tschechien) gespielt.
Früher galt der Dudelsack oft als Bettelinstrument. Es gab viele Menschen, denen das Geld nicht einmal für das Nötigste reichte. Wenn die einfachen Leute feierten, spielten sie ihre Unterhaltungsmusik auf dem Dudelsack, den sie aus Tierhäuten selbst billig herstellen konnten.

Wenn der Dudelsack spielt, klingen zwei Töne immer mit.
Man nennt das auch **Bordun**-Begleitung. 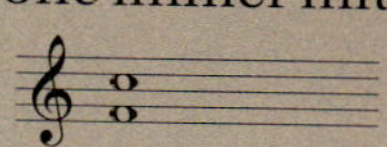

Hei, die Pfeifen klingen

M und T: aus der Slowakei • deutsche Textfassung: Rudolf S. Hoffmann

Szenen spielen

49

Der Seeschlangensong

M: Günther Kretzschmar • T: James Krüss
Begleitung: Wolfgang Zeis

Gm
Cm
Schlan-ge Ser-pen-ti - na er - füll - te wo - chen - lang die
Schlan-ge Ser-pen-ti - na hat man dann doch be - siegt, man
Schlan-ge Ser-pen-ti - na, die war ge - schmeichelt sehr, und
D
Gm
D
Gm
Stra - ße von Mes - si - na mit gräss - li - chem Ge - sang.
hat sie vor Mes - si - na mit Schmei - cheln klein - ge - kriegt.
sie ver - ließ Mes - si - na und schwamm hi - naus ins Meer.
Refrain
Conga
Bongos
Oo, Oo, Oo, Oo, Oo, Oo,

Begleitung
Met.
Bass-Xyl.
Alt-Xyl.

Zwischenspiel
Met.
Alt-Xyl.
Bass-Xyl.
Met.

Conga
Bongos
Gm Dm Gm
4. Und das ist ge-schehn durch den See-schlan-gen-song, der
Dm Gm Dm
See-schlan-gen-song, der geht so: O Schlan-ge, du bist ver-y
Gm Dm Gm Dm Gm
nice and so long, Oo,
Gm Dm Gm Gm Dm Gm
Oo, Oo,

Begleitung
Met.
Bass-Xyl.
Alt-Xyl.

Ihr könnt das Lied als kleine szenische Darstellung gestalten.

Als Schattenspiel:

- Den Hintergrund (Meer – italienischer Stiefel) könnt ihr auf Folie malen und mit dem Overhead-Projektor auf die Leinwand werfen.
- Die Schlange, Pfeile und Kanonenkugeln schneidet ihr aus Pappe aus und befestigt alles an Holzstäben.

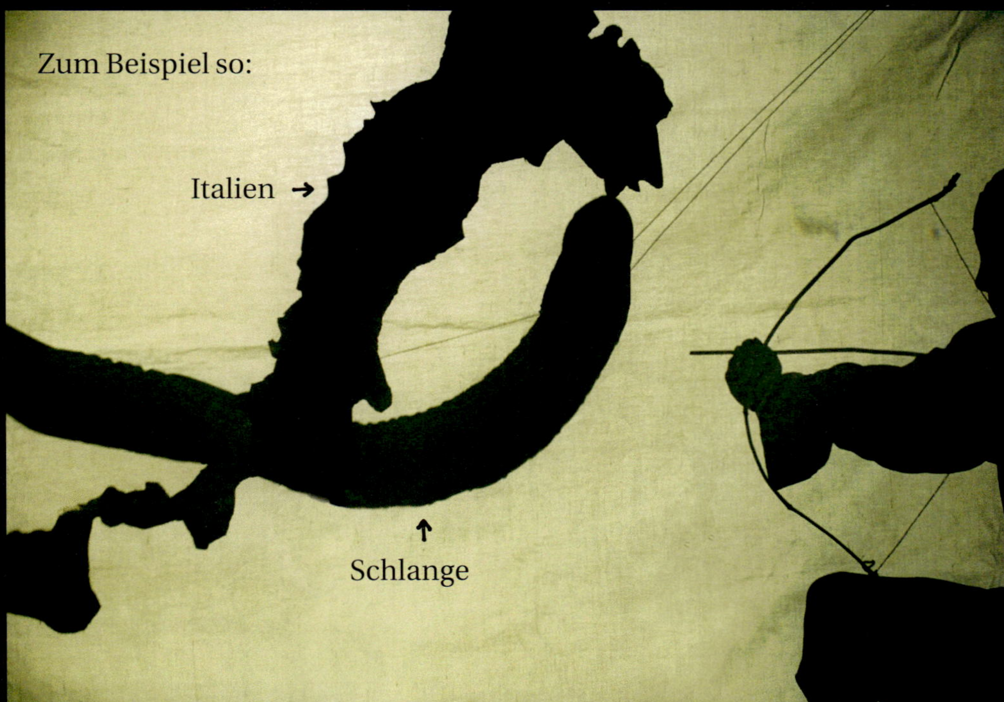

Bereitet eine kleine Aufführung mit Chor, Instrumenten und Schattenspiel vor.

Hänsel und Gretel

Eine Märchenoper von Engelbert Humperdinck

Der deutsche Komponist Engelbert Humperdinck lebte von 1854 bis 1921. „Hänsel und Gretel" ist sein bekanntestes Werk, das bis heute an vielen Opernhäusern aufgeführt wird. Alle anderen Werke Humperdincks sind in Vergessenheit geraten. Die Geschichte von Hänsel und Gretel unterscheidet sich in der Oper ein wenig vom bekannten Märchentext der Gebrüder Grimm.

Eine **Oper** ist ein Theaterstück, bei dem der Text meistens gesungen wird. Die Handlung ist dabei auf der Bühne zu sehen, während die Musiker des Opernorchesters vor der Bühne – für das Publikum nicht sichtbar – im so genannten Orchestergraben spielen.

1

Brüderchen, komm, tanz mit mir

M und T: überliefert

2. Ei, das hast du gut gemacht,
ei, das hätt' ich nicht gedacht! ...

3. Noch einmal das schöne Spiel,
weil es uns so gut gefiel. ...

Nennt ihr das Arbeit, johlen und singen?
Wie auf der Kirmes tanzen und springen?
Indes die Eltern vom frühen Morgen
bis in die Nacht sich mühen und sorgen?
Lasst sehn, was habt ihr beschickt?
Wie, Gretel, der Strumpf nicht fertig gestrickt?
Und du Schlingel, in alle den Stunden
nicht mal die wenigen Besen gebunden?

[...]
Jesses! Nun auch den Topf
noch zerbrochen!
Was nun zum Abend kochen?
[...]
Marsch! Fort in den Wald!
Dort sucht mir Erdbeeren!
Wird es bald?

Ein Männlein steht im Walde

M und T: überliefert

2. Das Männlein steht im Walde auf einem Bein,
es hat auf seinem Haupte schwarz' Käpplein klein.
Sagt, wer mag das Männlein sein, das da steht im Wald allein
mit dem kleinen, schwarzen Käppelein?

5 **Abendgebet**

6

7

Schwesterlein, hüt dich fein!
Ei, wie fang ich's an, dass ich komme dran?

8

9

Kinder, schaut das Wunder an, wie die Hexe hexen kann, wie sie hart, knusperhart, selber nun zu Kuchen ward!

10

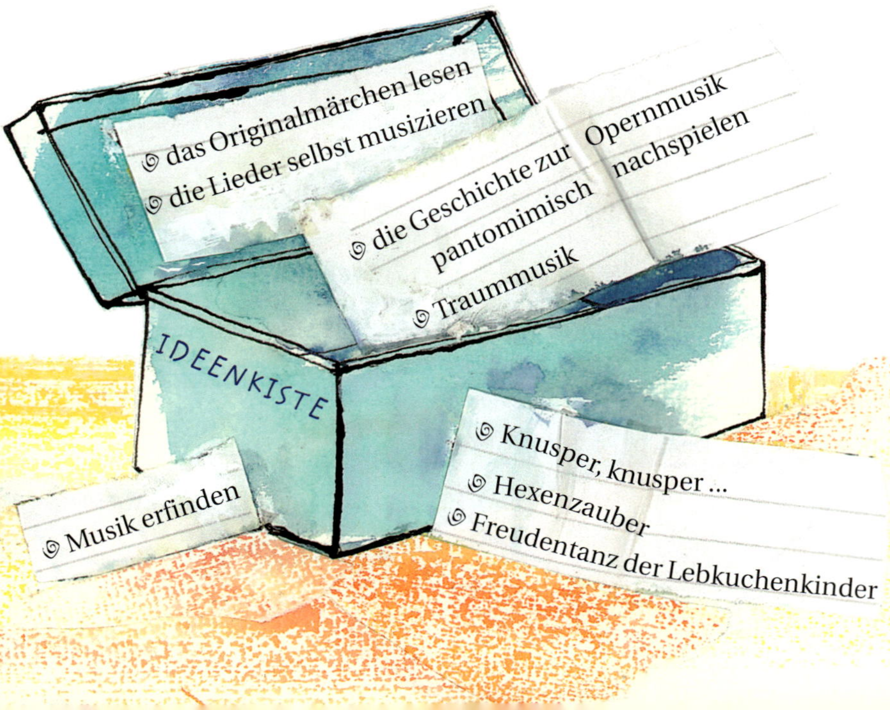
das Originalmärchen lesen
die Lieder selbst musizieren
die Geschichte zur Opernmusik pantomimisch nachspielen
Traummusik
IDEENKISTE
Musik erfinden
Knusper, knusper …
Hexenzauber
Freudentanz der Lebkuchenkinder

Das coole tapfere Schneiderlein

M und T: Albert Achatz

Musikalisches Märchen

Es war einmal ein Schneider ...

Einleitungsmusik = Schneiderlein-Song
nur instrumental

11

Schneiderlein-Song

2. Immer über Kleidern buckeln, Stoffe schneiden, bügeln.
Muss doch schlagen aufs Gehirn. Weg die Nadel und den Zwirn!

Schneiderleins Angst

Riesen-Song

2. I bin da Riese in unserer Stadt,
neben mir wird a jeder ganz platt.
Ja und i wachs no viel weiter in d'Höh,
ohne mi wird nix mehr geh!

3. I bin a Riese, i sag's frei und frank,
mir g'hört hier all's und des Geld auf da Bank.
Da kauf i jed'n, ob er will oder niat
und für euch Kloane is z' spät.

4. Wir san die Ries'n – wer hat da jetzt g'lacht?
Wir san die Riesen – wir haben die Macht!
Mit unserm Prügl schlag'n ma all's kurz und klein.
Wir san so hart wie ein Stein.

Der Schneider hat wieder Angst *(Angstlied)*, aber er zieht trotzdem los.

Einhorn-Song

Refrain (Chor)

Des is des Ein-horn, oh oh oh oh, des is des Ein-horn!

Strophen: Rap/Sprechtext zur Musik

1. Mei, hob i an Zorn,
i wär so gern was worn!
I wär so gern a Superstar
und mach ma jetzt ganz rote Haar!

Refrain

2. Mei, hob i an Zorn,
i wär so gern was worn!
Doch jetzt hob i an GXI*,
da fahr i alle andern hi.

3. Fahrt oana vor mir her,
macht mir niat lang a Gscher,
dem ruck i von hinten auf sei Fell
und pack'n auf der Stell.

4. Hob in der Schul nix zrissen,
doch jetza will es wiss'n,
auf dera Straß bin i der King,
des woast, dass i jetzt gwinn.

* Setzt hier eine Automarke ein.

Der Schneider fürchtet sich *(Angstlied)*, macht sich aber doch auf den Weg.

15

Umwelt-Schweine-Rock

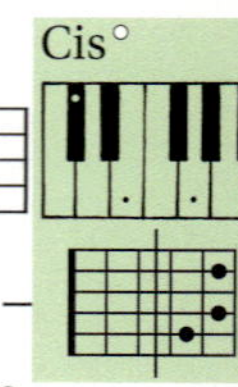

2. Ich leih mir einen Kombi
und pack den Dreck hinein.
Ich weiß im Wald a Platzerl,
da kipp ich alles rein.
Ref.: Alte Dosen, Lederhosen,
Badewannen, voll verrost;
alte Deckel, Teppichreste –
muss i los werd'n!

3. Ich setz mi in mei Auto
und dann braus i los.
I hob mei Glumbb im Kofferraum,
des wird i jetzt gleich los.
Ref.: Tennisschläger, Hosenträger,
alte Tasch'n z'riss'n.
alte Kübel, Saustalltürln –
muss i loswerd'n!

Endlich bekommt der Schneider die Prinzessin als Frau. Im Schloss wird ein großes Hochzeitsfest gefeiert. Zwar will ihn die Prinzessin nicht als Gemahl, aber der Schneider kommt trotzdem an sein Ziel.

Schneiderlein-Song (Seite 80)

Schluss-Song

Und wenn sie nicht gestorben sind, dann leben sie noch heute …

Johann Sebastian Bach

Johann Sebastian Bach …

J. S. Bach wurde im Jahr 1685 als jüngstes von 8 Kindern geboren. Als kleiner Junge brachte er sich selbst das Spielen auf der Geige und dem Klavier bei.
Mit 10 Jahren hatte er beide Eltern verloren und lebte in der Familie seines ältesten Bruders. Dort lernte er das Cembalospielen und übte heimlich immer schwierigere Stücke.
Als ihn sein Bruder dabei erwischte, konnte der kleine Johann schon besser spielen als dieser selbst.
Deshalb durfte er auch das Orgelspiel lernen und begann schon bald, Stücke zu komponieren. Er wurde dadurch immer berühmter und wirkte in vielen Städten als Organist.
Seine bekannteste Arbeitsstätte war schließlich die Thomas-Kirche in Leipzig, wo er als Kantor die Orgel spielte, den Chor leitete und viele Stücke für den Gottesdienst schrieb.
Als er 1750 starb, hinterließ er eine Fülle von wunderbaren Musikstücken, die noch heute viele Menschen in aller Welt begeistern. Heute gibt es „Bachchöre" und „Bachorchester" auf der ganzen Welt.

Diese Instrumente hat J. S. Bach als Kind gelernt:

Geige

17 bis 20

Orgel

Cembalo

Das Cembalo war zur Zeit Bachs ein sehr verbreitetes Instrument. Es ist ein Vorläufer des Klaviers. Beim Anschlagen einer Taste entsteht ein heller, silbriger Ton, der in der Lautstärke jedoch kaum verändert werden kann. Ein Cembalo findest du heute in Museen.

Klavier zu Zeiten Bachs

Ordne die Hörbeispiele den Bildern zu.

… und sein vielfältiges Schaffen

21 bis 24

Bach hat Musik für ganz unterschiedliche Anlässe und für verschiedene Instrumente und Musikgruppen geschrieben.

Orgel

Orchester

Chor

Klavier

- Ordne die Hörbeispiele den Bildern zu.
- Sucht in Zeitungen, dem Internet und auf Plakaten nach Ankündigungen von Konzerten mit Werken von J. S. Bach.

Bach und die Baupläne seiner Musik

nach einer Idee von Dieter Rieß

Hinter der Musik, die auch heute noch viele Menschen fasziniert und begeistert, steckt immer ein ganz genauer Bauplan, hinter den man durch genaues Zuhören kommen kann. Wir tanzen zum 3. Satz aus dem **Violinkonzert E-Dur.**

25

Diese Melodieabschnitte kommen immer wieder vor:

26 27

28

Den Bauplan des Musikstückes kann man jetzt ganz leicht aufschreiben:

Takt 1–4

Kinder mit Gymnastikbändern zeichnen eine liegende 8 in die Luft.

Takt 5–8

Kinder mit Gymnastikbändern drehen sich und erzeugen dabei Spiralen.

Zwischenteile

Kinder tanzen mit Luftballons.

Hört euch das Stück genau an und überlegt, wann die Bänder und wann die Luftballons zum Einsatz kommen.
Verwendet für die verschiedenen Zwischenstücke verschiedenfarbige Luftballons.

29
30

Wir hören das „Weihnachtsoratorium“

Eines der bekanntesten Werke von Johann Sebastian Bach ist das „Weihnachtsoratorium“, das oft zur Weihnachtszeit in Kirchen zu hören ist.
Es erzählt die Geschichte von der Geburt Jesu.
Bei einem Oratorium wirken Chor, Orchester und Sänger in verschiedenen Rollen mit.

Geleitet wird eine musikalische Aufführung von einem **Dirigenten** oder einer **Dirigentin.** Er oder sie zeigt durch Körperhaltung und Bewegungen, wann und wie die Instrumente spielen sollen, z. B. Lautstärke, Tempo und Ausdruck.

Ein bekannter Dirigent ist Philippe Herreweghe. Er stammt aus Belgien und hat neben Klavier auch Medizin studiert.
Er gründete einen eigenen Chor und spezielle Orchester. Damit versucht Philippe Herreweghe die Stücke von J. S. Bach so zu spielen, wie sie wohl in seiner Zeit geklungen haben könnten.

B – A – C – H Ein Name wird Musik

Spielt auf den Stabspielen den Namen ***Bach***.

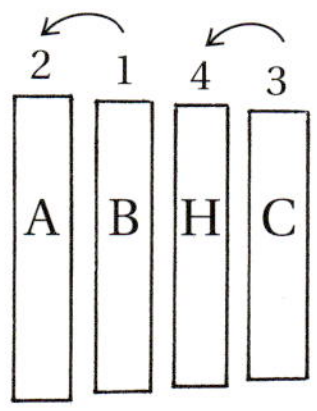

- einzelne Kinder
- gemeinsam
- leise – laut
- langsam – schnell

Ihr könnt diese „Bach-Melodie“ mit Tönen verschieden begleiten:

1. Möglichkeit:

F - F - E - E

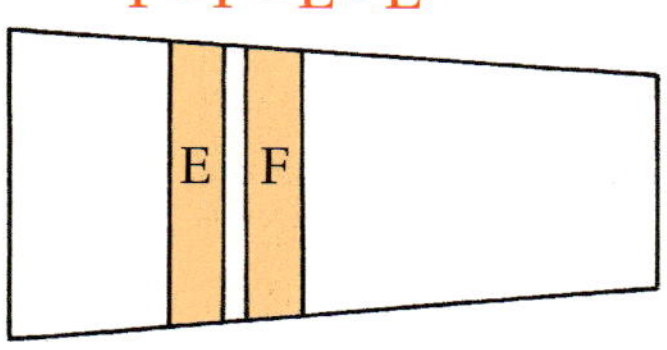

2. Möglichkeit:

G - F - C - G

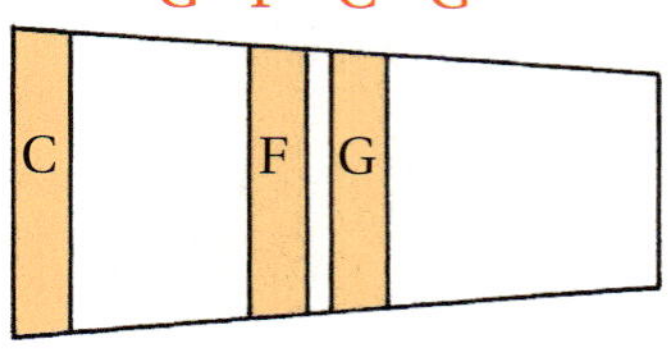

3. Möglichkeit:

D - C - E - D

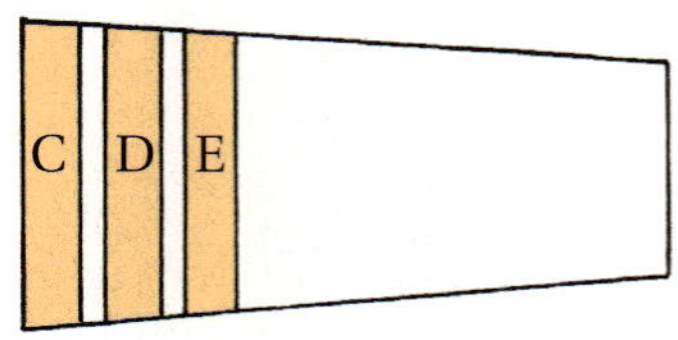

B-A-C-H in Dur:

B	***A***	***C***	***H***
F	F	G	G
D	C	E	D

B-A-C-H in Moll:

B	***A***	***C***	***H***
G	F	A	G
D	D	E	E

Beschreibt die Stimmung von Dur und Moll:
heiter, weich, getragen, freudig,
wehmütig, strahlend.

31 32 Die zwei berühmten Komponisten Franz Liszt und Max Reger haben aus ihrer Bewunderung für J. S. Bach aus den 4 Tönen B-A-C-H ganz bekannte Orgelwerke entstehen lassen.

Entdeckt die „Bach-Melodie“ in B-A-C-H von Franz Liszt und B-A-C-H von Max Reger.

Berühmte Bach-Werke im Original – und von anderen verändert nachgespielt

Hört euch die Beispiele zuerst im Original an. Überlegt genau, was verändert wurde. Was gefällt euch?

Lauten-Suite in e-Moll

33 34

Choral „Jesus bleibet meine Freude"

35 36

42

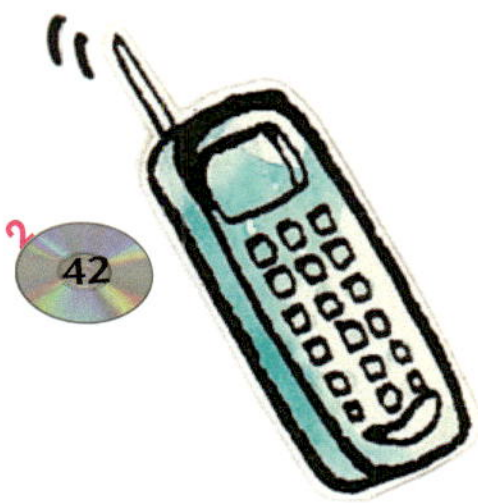

„Air" aus der Orchestersuite Nr. 3

37 bis 39

Chor „Lasset uns den nicht zerteilen" aus der Johannes-Passion

40 41

Das alles kann man in Musikwerken verändern:

- Besetzung (Stimmen und Instrumente)
- Lautstärke
- Tempo
- Reihenfolge der Teile
- Rhythmus

Bach zum Mitmachen

Badinerie heißt: Lustiges Tanzstück.
Die berühmte h-Moll-Suite endet mit der Badinerie.
So hat Bach seine Komposition aufgeschrieben:

Eine **Suite** ist eine Folge aus Tänzen.

Mit Körperinstrumenten
kannst du zur Musik mitspielen:

Liedanfänge in alphabetischer Reihenfolge

Sprechstücke/Reime

Übersicht über die Hörbeispiele

CD 1

1/2 Montags-Boogie-Woogie
3 Bo tendere
4 Herr, deine Liebe
5 N. Rimski-Korsakow: Hummelflug
6 Zum Geburtstag
7 Mein Dackel Waldemar
8 Das rote Pferd
9 Jetzt fängt das Fest erst richtig an

10 Indianisches Weihnachtslied
11 Drei Schneider hom se damisch graut
12 Sakura
13 Dort hinter jenen Feldern
14 Ferien-Samba

15 H. Purcell: Canon (Mitspielstück) – Gesamtarrangement
16 H. Purcell: Canon (Mitspielstück) – Bass-Xylophon und Xylophon
17–20 The lion sleeps tonight (Mitspielstück)
- 17 Arrangement mit Melodiestimme
- 18 Arrangement ohne 1. Xylophon
- 19 Arrangement ohne 2. Xylophon
- 20 Arrangement ohne Melodiestimme

21 Die Affen rasen durch den Wald
22 Die Affen rasen durch den Wald (Hörbeispiel ohne punktierte Noten)
23 Fräulein Dracula
24 Frau Auguste Semmelrock
25 Cathy Berberian: Stripsody (✂)
26 G. Ligeti: Ungarische Etüde 1

27 Troika
28 Die tanzende Katze
29 American Square-Dance
30–34 I. Strawinsky: Der Feuervogel (✂)
- 30 Der Zaubergarten
- 31 Tanz des Feuervogels
- 32 Reigen
- 33 Kampf mit dem Zauberer
- 34 Triumphzug

35 Sambalele, kleiner Chico
36 Klangbeispiel Samba
37 Rednex: Cotton eye Joe
38 Klangbeispiel Balafon
39 Banuwa: Melodie
40 Banuwa: + Gitarre/Xylophon
41 Banuwa: + Shaker/Djembe/Glocken
42 Klangbeispiel Gamelan-Orchester
43 Gamelan-Musik: nur Xylophon-Stimmen
44 Gamelan-Musik: + Metallophon
45 Gamelan-Musik: + Zimbel
46 Gamelan-Musik: + Trommel
47 Klangbeispiel Dudelsack
48 Hei, die Pfeifen klingen
49 Der Seeschlangensong

CD 2

1–10 E. Humperdinck: Hänsel und Gretel (✂)
- **1** Brüderchen, komm, tanz mit mir
- **2** Nennt ihr das Arbeit …?
- **3** Ein Männlein steht im Walde
- **4** Der kleine Sandmann bin ich
- **5** Abendgebet
- **6** Knusper, knusper, Knäuschen
- **7** Hokuspokus, Hexenschuss!
- **8** Juchei, nun ist die Hexe tot
- **9** Erlöst, befreit, für alle Zeit
- **10** Vater! Mutter!

11 Schneiderlein-Song
12 Schneiderleins Angst
13 Riesen-Song
14 Einhorn-Song
15 Umwelt-Schweine-Rock
16 Schluss-Song

17 Klangbeispiel Geige
18 Klangbeispiel Orgel
19 Klangbeispiel Klavier
20 Klangbeispiel Cembalo
21 Klangbeispiel Chor: „Dies hat er alles uns getan" (J. S. Bach) (✂)
22 Klangbeispiel Orgel: Toccata F-Dur (J. S. Bach) (✂)
23 Klangbeispiel Orchester: Brandenburg. Konzert Nr. 6 (J. S. Bach) (✂)
24 Klangbeispiel Klavier: Goldberg-Variation Nr. 26 (J. S. Bach) (✂)

25–28 J. S. Bach: Violinkonzert E-Dur, 3. Satz
- **25** gesamt
- **26** Takt 1–4
- **27** Takt 5–8
- **28** Zwischenteil

29 J. S. Bach: Weihnachtsoratorium, Chor „Ehre sei dir, Gott, gesungen" (✂)
30 J. S. Bach: Weihnachtsoratorium: Evangelist/Chor/Rezitativ (✂)
31 F. Liszt: Fuge über B-A-C-H (✂)
32 M. Reger: Phantasie und Fuge über B-A-C-H (✂)

33 J. S. Bach: Lauten-Suite in e-Moll, Bourrée
34 Jethro Tull: Bourée (✂)
35 J. S. Bach: Choral „Jesus bleibet meine Freude"
36 Swingle Singers: „Jesus bleibet meine Freude" (✂)
37 J. S. Bach: Air, Orchestersuite Nr. 3
38 Jacques Loussier Trio: Air (✂)
39 Exseption: Air (✂)
40 J. S. Bach: Chor „Lasset uns den nicht zerteilen" (✂)
41 Lambarena: „Lasset uns den nicht zerteilen" (✂)
42 J. S. Bach: Badinerie, Orchestersuite Nr. 2 (Mobiltelefon)
43 J. S. Bach: Badinerie, Orchestersuite Nr. 2
44 J. S. Bach: Badinerie, Orchestersuite Nr. 2 (Unterlegung der Notenwerte)

(✂) = Ausschnitt

Musik 4
Jo-Jo
Grundschule Bayern

Redaktion: Ute Kister
Gestaltung und technische Umsetzung: Saskia Klemm
Illustrationen: Isabella Roth, Gabriele Heinisch, Birgit Rieger (Cover), Thomas Gronle (S. 49 oben)
Notensatz: Kontrapunkt Satzstudio Bautzen
Fotos: Helmut Ölschlegel (siehe auch Bildquellenverzeichnis)

Wir bedanken uns herzlich bei den Schülern der Volksschule Breitengüßbach, die bei den Fotoaufnahmen mitwirkten, und dem Restaurant „Ferrari" in Bamberg.

Bildquellen

Archiv für Kunst und Geschichte, Berlin: S. 7, 17 oben; 44 oben; 76 (Krug); 86 oben links, 90; C. F. Peters, Frankfurt, London, New York: S. 49 unten ; cinetext, Frankfurt/M.: S. 46; corel library, Cornelsen: S. 56 (Stuhl, Glas); Roland Dauth, Speichersdorf: S. 23; dpa Zentralbild, Berlin: S. 17 unten Mitte und rechts, 71; Michel Garnier: S. 89 unten links; Peter Kanneberger, Freiburg, S. 87 oben rechts; Kedutan Besar Republik Indonesia, Berlin: S. 70 oben; Kieffer's Musik, Mannheim: S. 54, 69 oben; Matthias Krüger, Berlin: S. 89 oben; Bernhard Leitner: S. 89 unten rechts, aus: Bernhard Leitner: Musikerkarikaturen. Zürich: Atlantis Musikbuch-Verlag 1985; Mauritius, Mittenwald: S. 17 unten links, 76 (Besen), 87 oben und unten links; Musik & Show, Hamburg: S. 91 oben links; Musikinstrumenten-Museum der Universität Leipzig (Janos Stekovics): S. 86 (Klavier); Marek Lange, Berlin: S. 56 (Teller); Peter Peitsch, Hamburg: S. 76; Klaus Rapoen, Berlin: S. 61; Reinhard-Tierfoto, Heiligkreuzsteinach: S. 50, 55; Sabar roots percussion, Bremen: S. 5, 68, 69, 70 Mitte; Ludwig Schirmer, Lehnitz: S. 86 (Orgel); Staatsbibliothek Preußischer Kulturbesitz, Berlin: S. 92 links; Ullstein Bilderdienst, Berlin: S. 64 unten rechts, 86 (Geige, Cembalo), 87 unten rechts, Mitte links; Kinderzeichnungen: Carlotta Klemm (S. 64), Sophie Charlotte Poser (S. 65)

Textquellen

S. 54: Michael Ende: Der Mumpf. Aus: Michael Ende: Das Schnurpsenbuch. Stuttgart/Wien: Thienemanns Verlag 1979; S. 55: Robert Gernhardt: Familie Erdmännchen. Aus: Mit dir sind wir vier. Frankfurt: Insel Verlag, © Robert Gernhardt, alle Rechte vorbehalten; S. 61–63: nach einem Beitrag von Carola Schormann in: Grundschule Musik 16/2000

Copyright-Verzeichnis für die Lieder

S. 4 oben: Wolfgang Hering; S. 4 unten: Kontakte Musikverlag, Lippstadt; S. 6: Strube Verlag, München/Berlin; S. 7 oben, Textfassung: Fidula Verlag, Boppard/Salzburg; S. 7 unten: Möseler Verlag, Wolfenbüttel; S. 8 oben: beim Urheber; S. 9 oben: Kontakte Musikverlag, Lippstadt; S. 9 unten: Schroedel Schulbuchverlag, Hannover; S. 12 unten: Musikverlag zum Pelikan, Hug & Co. Musikverlage, Zürich; S. 14: 1959 by Les Editions Salabert S.A., für D und A: Musikverlag Intersong, Hamburg; S. 15: Aktive Musik Verlagsgesellschaft, Dortmund; S. 16: Aktive Musik Verlagsgesellschaft, Dortmund; S. 19: Fidula Verlag, Boppard/Salzburg; S. 20 unten: Fidula Verlag, Boppard/Salzburg; S. 21 unten: Fidula Verlag, Boppard/Salzburg; S. 22 unten: Tonos Musikverlags GmbH, Darmstadt; S. 25: Verlag Moritz Diesterweg, Frankfurt/Main (deutscher Text); S. 26: Christophorus Verlag, Freiburg; S. 27: Fidula Verlag, Boppard/Salzburg; S. 29 oben: Möseler Verlag, Wolfenbüttel; S. 33: Memory Lano Music Corp., für D/A/CH: Melodie der Welt J. Michel KG Musikverlag, Frankfurt/M.; Bearbeitungen S. 32, 33 nach: Jon Madin: Marimba Music 1, 1994; S. 34 oben: Fidula Verlag, Boppard/Salzburg; S. 36 unten: Rüssl Musikverlag, Hamburg; S. 37 oben: Gerhard Schöne (Text); S. 38 oben: Möseler Verlag, Wolfenbüttel; S. 40: Lorenz Maierhofer; S. 41 oben: Bartok-Stiftung, New York/Möseler Verlag, Wolfenbüttel (Text); S. 42: Fidula Verlag, Boppard/Salzburg; S. 44 unten: Schott Musik International, Mainz; S. 46/47: 1991 Edition 2000 Red Roster, Musik-Edition Discoton (BMG UFA), München; S. 48: Edition Eres, Lilienthal/Bremen; S. 57: Fidula Verlag, Boppard/Salzburg; S. 58: Fidula Verlag, Boppard/Salzburg; S. 60: Helmut Maschke; S. 66: Musikverlag Helbling, Innsbruck; S. 68 nach: Jon Madin: Marimba Music 1, 1994; S. 71: Boosey & Hawkes. Bote & Bock, Berlin (deutscher Text); S. 72–74: Gustav Bosse Verlag, Kassel; S. 80–85: Albert Achatz, Miltach

Cornelsen online http://www.cornelsen.de

1. Auflage Druck 4 3 2 1 Jahr 06 05 04 03

Alle Drucke dieser Auflage sind inhaltlich unverändert und können im Unterricht nebeneinander verwendet werden.

Druck: CS-Druck CornelsenStürtz, Berlin

ISBN 3-464-02937-9

Bestellnummer 29379

Gedruckt auf säurefreiem Papier, umweltschonend hergestellt aus chlorfrei gebleichten Faserstoffen.